HEYNE
BÜCHER

W0197940

Mark H. McCormack war Teilhaber einer Anwaltskanzlei in Cleveland, als er, einer lebenslangen Passion für Golf folgend, damit begann, den damals unbekannten Arnold Palmer zu repräsentieren. Eine große Zahl berühmter Sportler aus dem Golf und dem Tennis folgten. McCormacks Innovationen in den Bereichen Marketing, Lizenzerteilung und TV-Programmgestaltung trugen dazu bei, dass aus dem Sport ein großes Geschäft wurde.

In Amerika gehört McCormack zu den einflussreichsten Männern des Sports und in Großbritannien wählte ihn die *Sunday Times* zu einem von 1000 Menschen, die das zwanzigste Jahrhundert entscheidend mitgeprägt haben. Die Firma, die er gründete, die International Management Group (IMG), repräsentiert so unterschiedliche Organisationen wie zum Beispiel Wimbledon, die Nobel-Stiftung und die Olympischen Spiele.

Mark H. McCormack

Die Schule
des Verkaufens

Aus dem Englischen von
Hans Kray

Wilhelm Heyne Verlag
München

HEYNE BUSINESS
22/2063

Titel der amerikanischen Originalausgabe:
MARK H. McCORMACK ON SELLING
Erschienen 1995 bei Century Ltd., London

Umwelthinweis:
Dieses Buch wurde auf chlor- und
säurefreiem Papier gedruckt.

Taschenbucherstausgabe 09/2000
Copyright © 1995 by Mark H. McCormack Enterprises Inc.
Copyright © der deutschsprachigen Ausgabe 1998
by Campus Verlag GmbH, Frankfurt/Main
Wilhelm Heyne Verlag GmbH & Co. KG, München
http://www.heyne.de
Printed in Germany 2000
Umschlagillustration: gettyone stone/Darren Robb, München
Umschlaggestaltung: Hauptmann & Kampa Werbeagentur, CH-Zug
Satz: Schaber Satz- und Datentechnik, Wels
Druck und Verarbeitung: Presse-Druck, Augsburg

ISBN 3-453-17381-3

Inhalt

Es gibt keine Verkaufsmaschen

Von all den phänomenalen Entwicklungen während meiner 35-jährigen Geschäftstätigkeit gab es keine, die mich mehr irritiert hat als das massive Umsichgreifen von Managementtheorien (oder, um weniger nett zu sein, von Geschäftsmaschen). Zum ersten Mal fiel mir dieses Phänomen zu Beginn der 80er Jahre auf, als *Spitzenleistung* das Schlagwort war und die Wirtschaftspresse die Manager dazu drängte, es einer Hand voll Vorzeigeunternehmen gleichzutun. Ein Jahr später hieß das Zauberwort *Corporate Culture*. Danach folgte *Qualität*, das von *Leadership* und *Wettbewerbsvorteil*, von *Empowerment* und *Ehrlichkeit gegenüber dem Kunden* abgelöst wurde. (Das ist keine komplette Liste.) Während ich dieses Buch schreibe, ist *Reengineering* die Nummer eins in der Hitparade (was bedeutet, dass Manager ihre Organisationen den ständigen und schnellen Veränderungen ständig anpassen und sie entsprechend umformen müssen).

Man kann diesen Theorien kaum widersprechen, besonders wenn man die Alternativen zu Spitzenleistung und Qualität in Betracht zieht. Aber im Laufe dieser Epidemie von Management-Moden ist keiner auf die Idee gekommen – und das hat mich am meisten gewundert – ein entsprechendes System oder ein Schlagwort für die wichtigste Sache im Geschäftsleben zu kreieren, für das Verkaufen nämlich.

Ich glaube, ich weiß auch, warum. Managemententwürfe und -techniken passen sich den Veränderungen in der gesellschaftlichen, politischen und finanziellen Landschaft an. Wir benötigen offensichtlich immer neue Instant-Ideen und Spielereien, um mit den permanenten Veränderungen fertig zu werden.

Das Verkaufen, andererseits, verändert sich nie. Es war und bleibt ein einfacher Prozess, der aus drei Schritten besteht:

- den Kunden herausfinden,
- den Kunden erreichen,
- den Kunden überzeugen.

Wenn Sie Ihren Lebensunterhalt mit Verkaufen verdienen, dann wissen Sie, dass dies die unverblümte, unerschütterliche Formel für Erfolg ist. Wenn Sie an irgendeinem Punkt des Verkaufsprozesses einen dieser Punkte auslassen, werden Sie nicht verkaufen. Deshalb gibt es beim Verkaufen auch keine Maschen. Ungeachtet der Veränderungen in der gesellschaftlichen oder politischen Struktur einer Volkswirtschaft ist das Verkaufen in seiner Zielsetzung (Einkommen zu erzeugen) und Methode (herausfinden, erreichen, überzeugen) immer gleich geblieben.

Dafür braucht man keine Theorien oder Maschen.

Sie könnten natürlich einwenden, dass es große Fortschritte im Instrumentarium der Verkäufer gegeben hat. Datenverzeichnisse in Computern verhelfen Ihnen zu Kunden, von denen Sie vor zwanzig Jahren noch gar nicht wussten, dass sie überhaupt existieren. Schnurlose Telefone machen jedermann zu jeder Zeit erreichbar. Elemente des Showbiz – von Multimediapräsentationen bis zu Videovorführungen – können nun benutzt werden, um Ihre Überzeugungskraft gegenüber dem Kunden zu erhöhen.

Aber das sind lediglich technische Verbesserungen – wie wenn man einem Langstreckenläufer neue verbesserte Laufschuhe gibt. Die Schuhe sind vielleicht leichter und bequemer. Vielleicht helfen sie dem Athleten, ein bisschen schneller zu laufen. Aber sie verändern nicht die Grundlagen des Laufens. Der Athlet muss nach wie vor, so schnell er kann, einen Fuß vor den anderen setzen.

Das Gleiche gilt für das Verkaufen. Ob Sie nun der Typ von Verkäufer sind, der ohne die neuesten Spielzeuge nicht leben kann (das Handy, das ein halbes Gramm weniger wiegt, der handtellergroße Computer mit doppeltem Speicherplatz, das Faxgerät im Auto), oder ob Sie mit einem ganz normalen Schreibblock und einer Hand voll Karteikarten (so wie ich) arbeiten, die Werkzeuge ändern nichts an der Tatsache, dass Sie um den Auftrag bitten und den Kunden überzeugen müssen mitzuziehen.

Ich hebe das zu Beginn hervor, weil ich nicht behaupte, die gültige Verkaufstheorie zu besitzen. Wenn Sie nach griffigen Phrasen und inspirierenden Schlagworten suchen, die Sie zum Verkaufsruhm führen, werden Sie sie hier nicht finden.

Dieses Buch beginnt und endet mit der Prämisse, dass Verkaufen damit zu tun hat, Menschen zu verstehen und den gesunden Menschenverstand umsichtig anzuwenden. Dieses Buch geht davon aus, dass jeder von uns ein geborener Verkäufer ist. Wenn wir unsere Mitschüler davon überzeugen, uns zu akzeptieren, oder unsere Eltern, länger wegbleiben zu dürfen, oder einen Unternehmer, uns einzustellen, dann verkaufen wir. Dieses Buch geht außerdem davon aus, dass das Leben und die Arbeit für eine allmähliche Erosion dieser angebotenen Verkaufsfähigkeiten stehen. Dieses Buch will helfen, diese Fähigkeiten wiederzuerlangen, und zwar dadurch, dass man den Verkaufsprozess eher vereinfacht denn verkompliziert und indem es zeigt, wie man Fehler auf dem Markt vermeiden kann, die man ansonsten in seinem Leben nie machen würde. Wir werden Ihnen zeigen, welches die drei größten Hindernisse eines Verkäufers sind (Angst, Unwissenheit und Trägheit) und fordern Sie dazu auf, mehr über das nachzudenken, was Sie verkaufen und weniger über sich selbst.

Bei einem Verkaufsgespräch wäre jetzt der Punkt gekommen, wo ich auf meine Referenzen verweise. Was bringt mich eigentlich dazu, erfolgreiches Verkaufen zu lehren und zu predigen?

Meine einzige Verhandlungsreferenz ist, dass ich ein Sportmarketingunternehmen leite, mit dem ich vor 35 Jahren in Cleveland, Ohio, mit einem Grundkapital von 500 Dollar begann und das International Management Group heißt.

Wir vertreten hunderte bekannter Athleten wie Arnold Palmer (meinen ersten Kunden), Jackie Stewart, Jean-Claude Killy, Björn Borg, Chris Evert, Alberto Tomba und Andre Agassi. In den letzten Jahren haben wir auch die Vertretung von Musikern wie Itzhak Perlman, James Galway und Sir Neville Marriner übernommen.

Wir organisieren Veranstaltungen wie das Toyota World Match Play in Wintworth, ein José Carreras Konzert in Singapur, das Detroit Grand Prix Motorradrennen, Jesus Christ Superstar in Sidney oder das Dubai Snooker Classic.

Wir vertreten die Nobelstiftung. Wir haben geholfen, die kommerziellen Interessen von Wimbledon und des Royal and Ancient Golf Club von St. Andrews voranzubringen.

Unser Fernseharm, die Trans World International, ist im Besitz der internationalen Übertragungsrechte für Sportereignisse wie die Olympischen Spiele, die Welt- und Europameisterschaften im Eiskunstlauf, die National Football League, alle wichtigen Tennis- und Golfmeisterschaften und das 24-Stunden-Rennen von Le Mans. Das Unternehmen ist außerdem der weltgrößte unabhängige Produzent von Sportprogrammen.

Obwohl ich als Anwalt in einer großen Kanzlei begann, erkannte ich, als ich mich selbstständig machte, schnell, dass ich nur dann im Geschäft bleiben könnte, wenn ich in mir zuerst den Verkäufer und dann den Anwalt sah. Im Laufe von 35 Jahren an der Spitze von IMG habe ich auf jedem Kontinent wirklich alles verkauft, was mit Sport zu tun hat, vom Namen eines Athleten und persönlichen Dienstleistungen bis zum Transparent eines Sponsors bei einer Eiskunstlaufshow und den Fernsehübertragungsrechten für ein Golfturnier.

Ich habe Dinge verkauft, die die meisten Menschen gar nicht für verkaufbar halten. Die Ärmel von Tennisspielern waren werbefrei, bis unser Unternehmen den Anzeigenkunden klarmachte, dass die Schulter eines Tennisspielers während einer Meisterschaft mehr als hundertmal auf dem Bildschirm erscheint. Wäre das nicht der ideale Platz für ein Unternehmen, um sein Logo zu platzieren? Unser Unternehmen machte die Ärmel verfügbar und damit wurde der erste »Stückchen-Deal« über die Bühne gebracht.

Im Jahre 1984, als ich mein erstes Buch *What They don't Teach You at Harvard Business School* schrieb, hatte IMG 500 Angestellte in 19 Büros in der Welt, die mehrere hundert Millionen Dollar Umsatz erzielten. Heute haben wir fast 2000 Angestellte und 67 Büros in 26 Ländern und die Einkünfte haben die Grenze von einer Milliarde überschritten. Wir haben offensichtlich in der Zwischenzeit einige erfolgreiche Verhandlungen geführt.

Bevor ich *Die Schule des Verkaufens* schrieb, musste ich mir die Konkurrenz ansehen. Alle Bücher über dieses Thema nehmen die lobenswerte Position ein, dass Verkaufen *die einzig wichtige Tätigkeit im Geschäft* ist. Ich stimme dem zu. Wie es so schön heißt, nichts passiert, bis dass nicht jemand etwas verkauft. Aber die meisten dieser Bücher setzen ihren Schwerpunkt falsch. Es geht ihnen viel zu sehr darum, *Sie* zu verbessern.

Sie stellen Regeln auf über die richtige Kleidung (als ob die richtige Krawatte den Unterschied zwischen einem Ja und einem Nein ausmachen würde).

Sie stellen Listen auf, was man in den 24 häufigsten Verkaufssituationen sagen soll (als ob jeder Kunde in eine dieser 24 Kategorien fiele und der Abschluss eines Geschäfts nur die entsprechende Plattitüde erforderte).

Sie machen Vorschläge, wie Sie den Raum betreten, die Hand geben, sich setzen, sprechen, zuhören, in Ihrem Stuhl herumrutschen, Ihre Hände bewegen, Ihre Stimme modulieren, Augenkontakt herstellen, eine überzeugende Körpersprache anwenden sollen usw. (als ob der Bedarf des Kunden an Ihrem Produkt sich dramatisch änderte dadurch, dass Sie sich ändern).

Ich wäre wesentlich beeindruckter, wenn die Bücher die Betonung auf den Kunden und das Produkt oder den zu verkaufenden Service legten – denn so verkaufe ich seit nunmehr 35 Jahren.

Am meisten hat mich jedoch gestört, dass die meisten Bücher von Menschen geschrieben wurden, die niemals selbst ihren Lebensunterhalt mit Verkaufen verdient haben. Ihre Ratschläge drehen sich immer um irgendwelche hypothetischen Beispiele oder die Erinnerung an spektakuläre Geschäfte, die sie aus Zeitschriften und Zeitungen genommen haben.

Die Verkaufsbeispiele, die Sie hier lesen werden, haben alle mit mir oder unserem Unternehmen zu tun. Das heißt, sie sind real. In einigen Fällen sahen wir dabei hervorragend aus, in anderen weniger. Ich zitiere die Triumphe, damit Sie wissen, wie ein erfolgreicher Verkauf funktioniert, und die Misserfolge, damit Sie meine Fehler nicht wiederholen.

Zunächst sollte ich noch den Unterschied zwischen Verhandeln und Verkaufen erklären. Wie jeder Verkäufer weiß, gibt es einen fast nahtlosen Übergang zwischen Verkaufen und Verhandeln. In vielen Situationen gibt es diesen Übergang allerdings überhaupt nicht. Sie handeln Bedingungen für Ihr Produkt oder Ihre Dienstleistungen aus und zur gleichen Zeit versuchen Sie, ein Interesse für dieses Produkt oder diese Dienstleistungen zu wecken. Bei einem Preis ist der Kunde interessiert, bei einem anderen nicht. Ist das nun Verhandeln oder Verkaufen, wenn man das Interesse des Kunden weckt und der Preis stimmt? Das ist schwer zu sagen. Für dieses Buch lassen Sie uns darin übereinkommen, dass Verhandeln das Endspiel des Verkaufsprozesses ist. Verkaufen ist der Prozess, Kunden herauszufinden, zu ihnen vorzudringen, ihre Aufmerksamkeit und ihr Interesse für unser Produkt oder unsere Dienstleistung zu wecken und sie schließlich davon zu überzeugen, in diesem Interesse zu handeln. (Darüber schreibe ich in einem weiteren Band mit dem Titel *Die Schule des Verhandelns.*)

Mit diesem Vorbehalt im Hinterkopf möchte ich beginnen.

KAPITEL 1

Jeder kann verkaufen

Im Verlaufe dieses Buches mache ich Sie mit den Qualitäten bekannt, die meiner Meinung nach einen guten Verkäufer ausmachen:

- der Glaube an sein Produkt,
- der Glaube an sich selbst,
- viele Menschen sehen,
- das richtige Timing,
- dem Kunden zuhören (aber erkennen, dass das, was der Kunde will, nicht notwendigerweise das ist, was er ihnen erzählt),
- Humor entwickeln,
- an alte Türen klopfen,
- bei jedem um einen Kauf anfragen,
- nach dem Verkauf genauso hart am Kunden dranbleiben wie vor dem Verkauf,
- den gesunden Menschenverstand benutzen.

Ich mache mir nicht vor, mit dieser Liste neue Wege zu gehen. Das sind wesentliche, selbstverständliche, universelle Qualitäten, die alle Verkäufer im Kopf haben (wenn nicht in ihren Herzen).

Was ich interessant finde, ist jedoch die Tatsache, wie wenig Wirkung diese so sehr gepriesenen Attribute auf mich haben. Wenn ich die Liste durchgehe, finde ich allenfalls zwei Qualitäten, die mich zum Kauf bewegen könnten.

Nehmen wir die ersten beiden Punkte. Meine Stellung in der Firma erlaubt mir, bezüglich der Verkäufer, mit denen ich zu tun habe, selektiv zu sein. Die Verkäufer, die ich treffe, wissen, worum es geht und haben einen berechtigten Grund, mich zu sehen. Folglich treffe ich selten auf Verkäufer, die nicht an ihr

Produkt oder an sich selbst glauben. Aber Zuversicht allein genügt nicht, um ein Geschäft mit mir zu machen. Bestenfalls wird ein Abschluss dadurch nicht verhindert.

Ähnliches gilt für Verkäufer, die viele Interessenten sehen. Wie die meisten Menschen habe ich es nicht gern, wenn ich nur ein Name oder die Nummer auf einer Liste von Leuten bin, die noch angerufen werden müssen. Das mag wichtig sein, um eine Kundenbasis aufzubauen, doch ich sehe mich selbst anders. Wenn Sie mich nur als Teil einer Menge betrachten, bekommen Sie nicht mein Geld. Wenn Sie mich stattdessen als etwas Einzigartiges betrachten, als ob ich die erste Person wäre, der Sie Ihr Produkt anbieten, dann haben Sie Chancen.

Das richtige Timing funktioniert bei mir auch nicht. Egal, wie vorsichtig Sie den richtigen Moment abwarten, um bei mir um einen Auftrag anzufragen, ich werde meinem eigenen Zeitplan für Einkäufe trotzdem immer treu bleiben. Wenn Sie meinen Zeitplan nicht kennen, bringen Sie mich auch nicht zum Kaufen.

Das Gleiche gilt für Dinge wie um einen Auftrag anfragen, weiter hart dranbleiben und an alte Türen klopfen (das heißt, an Kunden verkaufen, die zuvor schon einmal bei Ihnen gekauft haben). Das sind absolut wichtige Verkaufsdevisen, aber ich bin lange genug im Geschäft, um ihrem sehr direkten Charme zu widerstehen.

Dem Kunden zuhören, das unterstreiche ich voll und ganz. Es ist meine erste und wichtigste Waffe (ob ich nun kaufe oder verkaufe). Bei jeder Transaktion will ich vor allem Informationen erhalten, statt welche abzugeben. Wenn Zuhören Ihr Lieblingsinstrument ist, neutralisieren wir uns gegenseitig.

Ein Attribut, das eine nachhaltige Wirkung haben dürfte, ist ein gewisser Sinn für Humor. Das heißt nicht, dass ich immer dann die Brieftasche aufmache, wenn jemand einen guten Witz erzählen kann. Aber Menschen, die bei ihrem Job einen Sinn für Humor bewahren können, behagen mir. Ich bin gerne mit ihnen zusammen, auch wenn ich weiß, dass sie mir etwas verkaufen wollen. Weil das so ist, macht es mir nichts aus, ihnen abzusagen, wenn ihre Idee für mich falsch ist, und umgekehrt baue ich nicht so viele Hindernisse auf, um ja zu sagen, wenn ihre Idee für mich in Ordnung ist (oder fast in Ordnung). Ihr Sinn für Humor erleichtert mir das Kaufen.

Das andere Attribut, das bei mir funktioniert, ist natürlich der gesunde Menschenverstand. Der gesunde Menschenverstand sagt Ihnen, einen Moment innezuhalten und sich mein Geschäft anzuschauen. Was macht unser Unternehmen? Mit wem haben wir zu tun? Von wem haben wir in der Vergangenheit gekauft? Wie sind wir gewachsen? Was benötigen wir?

Der gesunde Menschenverstand verrät Ihnen, dass Sie mit Menschen sprechen sollten, die mich kennen. Sie lernen, wen ich bewundere und welche Art von Logik ich respektiere. Sie erfahren, dass ich wie jeder andere bestimmte emotionale und intellektuelle Reizpunkte habe, die es wert sind, bedient zu werden. Sie erfahren, dass ich Neigungen und Antwortmuster habe, deren ich mir nicht bewusst bin, die meine Freunde und Kollegen amüsieren und Ihnen einen leichten Vorteil im Umgang mit mir geben könnten.

Der gesunde Menschenverstand verrät Ihnen, dass Sie meine Bücher lesen sollten. Wenn Sie in irgendeiner Firma, sei sie öffentlich oder privat, einen Entscheidungsträger anrufen, bereiten Sie sich sicherlich dadurch vor, dass Sie vorher einige Zeitungs- und Zeitschriftenausschnitte über das Unternehmen lesen oder einen oder zwei Jahresberichte durchgehen. Das ist wirkliche grundlegende Recherche, die ursprünglichste Form notwendigen Eifers. Nun gut, ich habe es Verkäufern, die mein Geld wollen, ziemlich leicht gemacht. Im Laufe der letzten zehn Jahre habe ich einige Bücher geschrieben und ein monatliches Rundschreiben veröffentlicht, das den Lesern genau erklärt, wie die Grundlagenphilosophie unserer Firma und ihre bevorzugten Taktiken und Strategien inklusive all ihrer Fehler aussehen. Dennoch kann ich gar nicht aufzählen, wie oft jemand in mein Büro gekommen ist, mir seinen Dienst oder sein Produkt hingeworfen hat und im Lauf des Gesprächs deutlich machte, dass er noch niemals ein von mir geschriebenes Wort gelesen hatte oder, in ganz entmutigenden Momenten, noch nicht mal wusste, dass ich überhaupt etwas geschrieben hatte. Nicht die Unhöflichkeit oder die Ichbezogenheit regt mich dabei auf, sondern die mangelnde Vorbereitung. Wenn sie diesen offenkundigen Fakt an mir übersehen, was werden sie dann noch alles versäumen, wenn wir damit beginnen, Geschäfte miteinander zu machen?

Der gesunde Menschenverstand wird Sie auch dazu veranlassen weiterzulesen, weil die folgenden Taktiken tatsächlich bei mir funktionieren.

1. Sagen Sie mir, es sei das Beste

Wenn ich eine Geschäftsphilosophie habe, dann die: Arbeite mit dem Besten. Darauf bin ich in der Situation gekommen, als ich meine ersten drei Kunden vertrat – Palmer, Player und Nicklaus. Sie lehrten mich ein für alle Mal, wie viel leichter es ist, die Dienste der Nummer eins, zwei oder drei im Golfsport zu verkaufen, als die der Nummer 101, 102 oder 103. Diese Philosophie des »Arbeite mit dem Besten« haben wir auf alle Arbeitsbereiche ausgedehnt. Als wir in den Wintersport einstiegen, war Jean-Claude Killy, der dreifache Goldmedaillengewinner, unser erster Kunde. Als wir in den Tennisbereich einstiegen, war Rod Laver, der Grand-Slam-Champion, unser erster Kunde. Im Motorsport war es Jackie Stewart und bei den Tennisturnieren war es Wimbledon. Als wir zum ersten Mal Institutionen außerhalb des Sports vermarkteten, war es die Nobelstiftung. Ob es sich nun um Athleten, Veranstaltungen oder Institutionen handelte, wir betrachteten jeden nicht nur als den Besten seiner Art, sondern als um Lichtjahre dem nächsten Konkurrenten voraus. Das war kein Snobismus oder Arroganz von unserer Seite. Es war einfach gutes Business. Den Besten zu verkaufen macht Spaß (und ist äußerst einträglich). Mitläufer zu verkaufen ist harte Arbeit (und bringt bestenfalls magere Einkünfte).

Dieses Denken bestimmt auch meine Kaufgewohnheiten. Ich bin verrückt nach dem Besten. Wenn Sie mich überzeugen können, dass das Auto, das Sie verkaufen, ein Lexus, die Uhr eine Rolex, der Anzug von Alfred Dunhill, der Füllfederhalter von Montblanc etc. ist (die Markennamen variieren entsprechend dem persönlichen Geschmack), können Sie mich zum Kauf überreden.

2. Warten Sie auf mich

Ich hasse es, gedrängt zu werden. Ich kann Menschen nicht leiden, die mir sagen: »Ich brauche Ihre Antwort morgen bei Geschäftsschluss« oder »Dieses Angebot gilt nur einen Tag«, oder »Das ist unser letztes Stück« oder jede andere Variante, die mich zwingen soll, eine plötzliche Entscheidung zu treffen. Ich habe meinen eigenen Zeitplan und will warten. Ich werde auch äußerst skeptisch, wenn gedrängt wird. Ich warte eine Woche, um zu sehen, ob Sie Ihr »Nur-noch-heute-Angebot« verlängert haben oder ob Sie Ihr »letztes Stück« immer noch auf Lager haben. Wenn Sie bereit sind, auf mich zu warten, bin ich bereit zu kaufen.

3. Versuchen Sie, mich über meine Familie zu erreichen

Einer der schlauesten Verkäufe, die ich je getätigt habe, war an den CEO eines mittelgroßen amerikanischen Unternehmens für Verpackungsgüter. Im Laufe eines freundlichen ersten Gesprächs, bei dem er alles zurückwies, was ich vorschlug, erwähnte er, dass seine Tochter die Tulane University in New Orleans besuchte. Ein paar Monate später, als wir eine Björn Borg-Tennisvorführung in New Orleans inszenierten, sandte ich ihm vier Eintrittskarten für das Match, für den Fall, dass seine Tochter und ihre Freunde das Spiel sehen wollten.

Als zwei Jahre später dieser CEO schließlich bereit war, eines unserer Projekte zu sponsern, erzählte er mir, dass die Björn-Borg-Eintrittskarten den Ausschlag gegeben hätten. Die Tatsache, dass ich mich an die winzige Kleinigkeit mit der Tulane University erinnert hätte, drückte etwas Nettes über mich und mein Unternehmen aus. Die Tatsache, dass es seine Tochter war, sagte ihm etwas noch Netteres.

Auch ich bin gegenüber einer solchen Vorgehensweise nicht immun. Wenn alle Dinge gleich sind, dann bin ich geneigter, Ihrem Vorschlag zuzuhören, wenn Sie es schaffen, meine Frau oder meine Kinder als Vermittler zu benutzen. Da in der Tat nicht alle Dinge gleich sind, wenn meine Frau und meine Kinder dabei eine Rolle spielen, werde ich Ihnen bis zu Ende zuhören. So ist die menschliche Natur. Blut ist dicker als Wasser.

Darüber hinaus sind Sie auf sich selbst gestellt. Auf die Familie zu setzen, überzeugt mich nicht von einer schlechten Idee oder einer nicht ganz einwandfreien. In solchen Situationen suche ich nach einer zweiten Meinung. Wenn Sie einen anderen, nicht betroffenen Teil unserer Firma davon überzeugen können, Ihr Konzept zu kaufen, haben Sie mich auf Ihrer Seite.

4. Achten Sie auf die Größe

Anders ausgedrückt, denken Sie in kleinem Maßstab, bevor Sie in großem denken. Ich erzähle unseren Verkaufsleitern seit Jahren, nicht automatisch die Größe ihres Vorschlags mit der Größe des Unternehmens gleichzusetzen. Die Leute sehen ein riesiges Unternehmen wie Philipp Morris oder General Motors und denken, dass nur ein riesiger Vorschlag mit riesigen Zahlen die Aufmerksamkeit des Unternehmens erreichen wird. Tatsächlich stimmt angesichts der Tatsache, wie viele preislich überhöhte Vorschläge diese riesigen Unternehmen im Laufe der Jahre gesehen haben, das Gegenteil. Ein kleinerer Vorschlag ist sehr viel interessanter.

Im letzten Jahrzehnt hat sich die Größe unseres Unternehmens vervierfacht. Verkäufer von außen betrachten uns nun als groß und damit wachsen auch die Konzepte, die sie uns vorschlagen. Tatsache ist, dass wir keine monolithische Struktur mit einem einzigen großen Geldtopf zur Vergabe an den richtigen Verkäufer sind. Wir sind eher eine Vereinigung von rund vier Dutzend Profit-Centern in 26 Ländern, jedes mit seinem eigenen Budget und seinen eigenen Profitzielen. Ein Verkäufer, der das berücksichtigt, der auf die Größe achtet und sein Verkaufsangebot auf das geeignete Profit-Center in unserem Unternehmen abstimmt, hat viel mehr Chancen, mich zum Kauf anzuregen.

5. Sparen Sie mein Geld

Einige auf Effizienz bedachte Menschen geben viel Geld für Dinge aus, die ihnen Zeit sparen. Einige selbstverliebte Typen investieren in alles, was ihr leibliches Wohl erhöht. Dann gibt es die Spielertypen, die sich auf alles stürzen, was eine 50/50-Chance hat, den Jackpot zu knacken.

Ich selber achte immer darauf, Geld zu sparen. Ich verabscheue alle Exzesse, aber von meiner Sorte gibt es weniger, als Sie vielleicht denken. Wenn Sie die Wahl haben, ob Sie mir ein Konzept verkaufen, das mir Geld bringt, oder eines, das eine preiswertere Möglichkeit eröffnet, Geschäfte zu tätigen, werden Sie mit Letzterem besser fahren.

6. Seien Sie mein Freund

Manchmal habe ich sentimentale Anflüge, die mich dazu zwingen, Ja zu sagen, wenn die logische und einfache Arithmetik das Nein geradezu herausschreit. Ich kenne CEOs, die zu langgedienten Angestellten gehalten haben, längst nachdem ihr Nutzen für das Unternehmen vorbei war, einfach deshalb, weil die

Loyalität dieser Angestellten mehr Gewicht hatte als ihre Produktivität. Sentimentale Gefühle triumphierten über den Verstand.

Derselbe Impuls belastet mich manchmal als Käufer. Wenn Sie ein vertrauter Freund sind und meine Hilfe brauchen, um aus einer Cash-flow-Krise wieder herauszukommen, bin ich ein guter Interessent, selbst wenn ich das, was Sie verkaufen, gar nicht brauche. Wenn Sie daraus keine Gewohnheit werden lassen, bringen Sie mich immer dazu zu kaufen.

7. Werden Sie meinem persönlichen Plan gerecht

Die Kaufgewohnheiten von Kunden sind eine Widerspiegelung eines Firmenplans, eines persönlichen Plans oder der Kombination von beiden.

Wenn wir in den frühen sechziger Jahren, die ich als die Kindertage des Sportmarketing betrachte, ein Golfkonzept an einen Sponsor verkauften, dann hauptsächlich deshalb, weil der CEO des Unternehmens Golf mochte (und wir das wussten). Der Verkauf passte zum persönlichen Plan des CEO. Unser Unternehmen war noch nicht lange genug im Geschäft, um zu beweisen, dass Golf einem Unternehmen helfen konnte, seine Geschäftsziele zu erreichen – das heißt, seinen Firmenplan zu erfüllen. Das kam später. Heutzutage ist das Sportmarketing eine anspruchsvolle Angelegenheit. Sie müssen sich ausschließlich auf den Firmenplan konzentrieren. Egal, wie sehr sich ein Entscheidungsträger für Golf begeistern mag, es wird Ihnen nicht gelingen, den Verkauf zustande zu bringen, wenn Sie nicht demonstrieren, dass Golf eine effektive Möglichkeit ist, um das Zielpublikum des Käufers zu erreichen. Unsere Verkäufer sind sich des Unterschieds zwischen einem Firmen- und einem persönlichen Plan voll bewusst und verkaufen entsprechend.

Ähnlich würde das auch bei mir funktionieren.

Für die meisten Menschen bin ich der Chef von IMG. Wenn

sie also versuchen, mir etwas zu verkaufen, appellieren sie meist an meinen Sinn für die Bedürfnisse des Unternehmens. Das ist klug. Als der ranghöchste Entscheidungsträger von IMG bin ich vermutlich der Hüter unseres Firmenplans. Appellieren Sie daran und Sie appellieren an mich. Tatsächlich treffe ich jedoch nur sehr selten eine einseitige Kaufentscheidung. Ich bespreche das zuerst mit unseren Führungskräften, um sicherzugehen, dass es zu unserem Firmenplan passt. Mit anderen Worten, Verkäufer sprechen nicht mit mir, sondern mit einem Ausschuss.

Aber neben meiner Rolle im Unternehmen gibt es auch noch den Privatmann. Als Autor bin ich der Kunde unseres Unternehmens. IMG verhandelt meine Buchverträge, Vortragshonorare, Zeitungskolumnen und Fernsehauftritte – und wie jeder andere Kunde bezahle ich die übliche Provision. Vielen fällt es schwer, meine Rolle als CEO von der des Kunden zu trennen. Anders jene, die meine unterschiedlichen Kaufgewohnheiten in den beiden Rollen verstehen. Als Kunde treffe ich einseitige Entscheidungen und verfolge einen persönlichen Plan. Wenn Sie das zu Ihrem Ansatz machen, können Sie mich zum Kauf bewegen.

Vor zehn Jahren, nachdem mein erstes Buch ein Bestseller wurde, schlug mir ein amerikanischer Verleger vor, ein monatliches Rundschreiben über ähnliche Businessthemen zu schreiben. Ich sollte den Text verfassen. Der Verleger täte alles andere. Den Entwurf, den Druck, die Vermarktung, den Versand, die Anwerbung von Abonnenten, die Rechnungstellung und die Sicherstellung, dass bezahlt wird. Ich sollte dem Verleger eine monatliche Gebühr für all diese Tätigkeiten bezahlen und den Profit würden wir uns teilen.

Nun, das ist genau die Sorte von Handel, die ich einem anderen IMG-Kunden niemals anbieten würde. Es ist nicht unsere Aufgabe, Geschäfte in Gang zu bringen, bei denen unsere Kunden jemand anderem etwas bezahlen oder ihr Geld in einen risikoreichen Vorschlag investieren. (Kunden brauchen uns nicht, um ihr Geld aus dem Fenster zu werfen.) Unsere Aufgabe besteht darin, Gelegenheiten für unsere Kunden zu suchen, wo sie für ihre Zeit und ihr Talent bezahlt werden. Das ist schon immer unser Firmenplan gewesen.

Unter gewöhnlichen Umständen würden die, die mich repräsentieren, auf einer finanziellen Garantie für mich bestehen oder auf der Übernahme sämtlicher Risiken vonseiten des Verlegers. Aber der Verleger war raffiniert und unterschied zwischen meinem Firmen- und meinem persönlichen Plan. Er wusste, dass er zu mir rein als Kunde sprach und dass ich in dieser Rolle anders kaufte. Er appellierte an meine unternehmerischen Instinkte, meine Bereitschaft, mit meinem Geld zu spekulieren und sogar an meine persönliche Eitelkeit (auf dem Rundschreiben stünde mein Name und nicht der von IMG). So kaufte ich mich in das Konzept ein, obwohl es den Ansprüchen unseres Unternehmens widersprach. (Jetzt, nach zehn Jahren, gibt es das Rundschreiben immer noch und ich bin froh darüber.)

Wenn es Ihnen gelingt, meinen Firmenplan von meinem persönlichen Plan zu trennen, können Sie mich zum Kaufen bringen.

KAPITEL 2

Die Komponenten des gesunden Menschenverstandes

Bei fast jeder Rede fragt mich jemand aus der Zuhörerschaft, ob ich mir Sorgen darüber mache, zu viele meiner Geschäftsgeheimnisse in den Büchern und Artikeln, die ich schreibe, preiszugeben.

»Glauben Sie nicht, dass Sie Ihrem Publikum erzählen, wie es Sie überlisten kann?«, ist oft die Frage.

Ich antworte immer damit, dass nur weil Jack Nicklaus ein Buch über Golf schreibt, das noch lange nicht bedeutet, dass jeder Leser dieses Buches ihn nun beim Golf schlagen kann.

In dieser Antwort steckt ein Hauch von Arroganz, aber die einfache Wahrheit ist, dass nur wenige Menschen das Talent, die Kraft und die physischen Voraussetzungen, die technische Beherrschung, die Verfassung und das Selbstvertrauen eines Jack Nicklaus haben. Und eine noch deutlichere Antwort: Von den wenigen, die diesen Fähigkeiten eventuell nahe kommen, haben noch weniger die Disziplin und ·die mentale Härte, um diese Fähigkeiten auf ein Maximum zu steigern.

Im Business ist das nicht viel anders. Egal, wie sehr Sie Ihre Verkaufskräfte mit Büchern, Seminaren, Bandaufzeichnungen usw. auch trainieren, es wird doch immer einen bestimmten Prozentsatz von Verkäufern geben, die nicht begreifen, was Sie ihnen verständlich machen wollen.

Ich weiß nicht genau, warum. Vielleicht sind sie nicht klug genug (die Botschaft kommt nicht an). Oder sie passen nicht genug auf (die Botschaft geht an ihnen vorbei). Oder sie besitzen nicht die Disziplin, das zu praktizieren, was Sie predigen (die Botschaft kommt an, wird aber nicht umgesetzt).

Aber ich vermute, dass es auch einige grundsätzliche Fähigkeiten gibt, die mehr oder weniger nicht erlernbar sind.

Alle Verkäufer benötigen zum Beispiel ein sehr gutes Gespür für Zeiteinteilung, sie müssen genau wissen, wann sie sich auf einen Kunden stürzen und wann sie sich zurückhalten müssen. Ich kenne zu viele Verkäufer, die, wenn ich ihnen einen präzisen Zeitplan geben würde, wie sie sich an einen Kunden annähern sollen, einen Weg finden würden, um diesen Zeitplan oder die Zeichen vonseiten des Kunden fehlzudeuten.

Ebenso wissen die besten Verkäufer, wie sie mit einer Zurückweisung umgehen müssen. Sie erwarten häufiger ein Nein als ein Ja in ihrer Arbeit. Sie beginnen also schon mit einem dicken Fell, das mit den Jahren nur noch dicker wird. Aber ich bezweifle, dass man diese Dickfelligkeit lehren kann. Wie bei der Schnelligkeit im Sport (wo jeder Trainer schnelle Athleten liebt, weil man Schnelligkeit nicht lehren kann) muss man damit geboren werden.

Die besten Verkäufer verfügen auch über *persönlichen Charme*. Vielleicht mag sie nicht jeder, aber sie besitzen einen Instinkt dafür, wie sie andere Menschen (normalerweise Kunden) dazu bringen, sie zu mögen. Sie wissen genau, dass Verkaufen in erster Linie ein Verführungsprozess ist, bei dem die Erzeugung eines Freundschaftsbandes und von Vertrauen das Ergebnis mehr beeinflusst als die Verdienste des Produkts oder der Dienstleistung, das oder die verkauft werden soll. Wiederum bezweifle ich, dass man jemandem beibringen kann, sympathisch zu sein. Jahrelang habe ich unseren Verkäufern erzählt: »Wenn alles gleich ist, dann machen die Kunden lieber Geschäfte mit jemandem, der ein Freund ist. Selbst wenn nicht alles gleich ist, ziehen die Kunden am Ende den Freund vor.« Doch die Botschaft wird nicht immer verinnerlicht. Manche versuchen noch immer, den Verkaufsprozess zu beschleunigen, drängen auf eine Entscheidung, bevor sie noch das Vertrauen des Kunden gewonnen haben.

Einige sagen bestimmt, dass vor allem der gesunde Menschenverstand überhaupt nicht zu lehren ist. Ich verstehe, warum. Wir alle kennen Personen, die ihn besitzen oder denen er fehlt. Wir alle wissen, wie groß die Kluft zwischen beiden Lagern ist und wie selten es jemandem gelingt, diese Kluft zu überbrücken.

Das muss nicht so sein. Meiner Meinung nach ist gesunder Menschenverstand nur in dem Sinne nicht lehrbar, dass er nicht über Nacht gelernt werden kann. Ein Verrückter wacht nicht am nächsten Morgen auf und ist ein Weiser. Aber selbst der Verrückteste kann mit der Zeit etwas vernünftiger werden.

Der Schlüssel liegt darin, die Komponenten des gesunden Menschenverstandes in die lehrbaren und nicht lehrbaren Teile zu trennen, sich auf erstere zu konzentrieren und jedes zu seiner Zeit zu meistern.

Beim Verkaufen gibt es fünf Fähigkeiten, die jeder lernen kann. Sie sind tatsächlich so grundlegend und machbar, dass es nicht nur unentschuldbar, sondern schon selbstmörderisch wäre, ohne sie verkaufen zu wollen.

1. Komponente: Das Produkt kennen

Sie meinen, das sollte für jeden selbstverständlich sein. Doch wie oft sind Sie in ein Kaufhaus gegangen, haben nach einem Produkt gefragt und festgestellt, dass der Verkäufer weniger darüber weiß als Sie. Was macht das für einen Eindruck? Wollen Sie in diesem Kaufhaus noch einmal einkaufen?

Ich schätze, dass rund 90 Prozent aller Verkäufer diese Grundregel nicht gelernt haben. (Deshalb gehört es zum Bestandteil Nummer eins des gesunden Menschenverstandes.)

Ich würde ebenso schätzen, dass die oberen 10 Prozent jedes Verkaufsstabes exakt die 10 Prozent widerspiegeln, die ihr Produkt in- und auswendig kennen. Ich verfüge über keine Daten, die diese Vermutung stützen könnten. Ich weiß nur, dass ich niemals etwas von Verkäufern gekauft habe, die ihr Produkt nicht kennen und andererseits habe ich Dinge gekauft, die ich eigentlich nicht brauchte, von Verkäufern, die ihr Produkt kannten.

2. Komponente: Weniger reden

Das ist weniger offensichtlich. Vor allem, weil es dem Grundinstinkt eines Verkäufers, sich zu äußern, seine Erfahrung zu demonstrieren, feilzubieten, bis man die richtige Saite angeschlagen hat, um den Kunden zu erreichen, widerspricht. Es entspricht allerdings nicht dem gesunden Menschenverstand, wenn man zu Beginn des Verkaufsgesprächs wenig redet, denn zu diesem Zeitpunkt geht es vor allem darum, vom Kunden gemocht zu werden.

Wenn Schmeicheleien der leichteste Weg sind, um einen Kunden dazu zu bringen, Sie zu mögen, dann folgt das Konzept, ihn sprechen zu lassen, gleich dahinter. Und da, wo übereifriges Schmeicheln die Gefahr von Unaufrichtigkeit mit sich bringt, ist weniger zu sprechen niemals ein Test für Ihre Aufrichtigkeit. Es zeigt, dass Sie den Kunden respektieren und spüren, dass er etwas zu sagen hat. Ich habe noch nie jemanden getroffen, der mich gering schätzt, weil ich ihn sprechen ließ.

3. Komponente: Den Käufer kennen

Mit anderen Worten, machen Sie Ihre Hausaufgaben, bevor Sie in das Büro des Kunden treten. Tatsächlich müssen Verkäufer die Bedeutung, vorbereitet zu sein, gar nicht lernen. Ich bin sicher, sie wissen das.

Aber man muss ihnen die Disziplin beibringen, dies auch ständig ohne Unterlass zu praktizieren. Sie können es sich nicht erlauben, in ein Verkaufsgespräch zu gehen und dabei zu denken, sie werden die Sache schon schaukeln, in der Hoffnung, der Kunde wird nichts merken. So etwas kann schnell zur Gewohnheit werden.

Ich kenne einen CEO, der so erpicht darauf ist, den Käufer zu kennen, dass er Spesen für ein Verkaufsgespräch erst dann bewilligt, wenn der Verkäufer ein Dossier über den Interessenten angelegt hat. Er fordert von seinen Verkäufern, zuerst einen Fragebogen an den Interessenten zu schicken, bevor das erste Treffen stattfindet, sodass kein Verkäufer die Zeit des Interessenten mit dummen Fragen vergeudet.

Das ist hervorragendes Verkaufsmanagement. Was mir dabei aber besonders auffällt, ist die Verbindung von Ausgaben und Vorbereitung. Dieser CEO ist der lebendige Beweis, dass Vorbereitung ein Teil des gesunden Menschenverstandes ist, den jeder lernen kann.

4. Komponente: Niedrig ansetzen

Jeder will das Tor des Monats schießen, den großen Deal machen und die Kollegen keuchend hinter sich lassen. Persönlich habe ich Ehrfurcht vor Menschen, die in einen Raum treten können, eine große Summe fordern und sie auch bekommen. Wie die Gabe, beim Fußball besonders raffinierte Freistöße zu schießen, die immer im Tor landen, ist es beim Verkaufen etwas Besonderes, wenn man hoch ansetzt und erhält, was man will. Diese Gabe kann nicht gelehrt werden. Einige können es, die meisten aber nicht.

Es ist viel leichter, Menschen beizubringen, bei Verkaufsgesprächen niedrig anzusetzen. Das ist keine Genehmigung, ihre Dienste billig zu verhökern. Es ist lediglich eine Erinnerung, dass auch ein kleiner Verkauf machbar ist. Die meisten Kunden möchten mit einem kleinen Verkauf eine Beziehung beginnen. Ein kleiner Abschluss kann zu einem großen werden.

Das Schlechteste, was einem passieren kann, wenn man zu hoch ansetzt, ist allerdings, dass die Kunden spüren, dass Sie verzweifelt darum kämpfen, etwas Heroisches zu tun und Verzweiflung ist selten ein attraktives oder überzeugendes Merkmal. Jedes Mal, wenn ich Verkäufer sehe, die in diese Falle tappen, nehme ich sie beiseite und bringe sie auf den Boden der Tatsachen zurück. Ich erzähle ihnen, dass man nicht von heute auf morgen zum Freistoßspezialisten wird und dass ihre Chancen, Erfolg zu haben, wesentlich größer sind, wenn sie weniger von sich selbst und dem Kunden erwarten.

Ich empfehle geringere Erwartungen nicht als Alltagsstrategie, wenn man vorankommen will. Aber realistische Ziele zu setzen gehört zum gesunden Menschenverstand und ist schwer zu lernen. Niedrig anzusetzen ist ein Anfang.

5. Komponente: Weniger versprechen

Kürzlich traf ich mich mit einigen Führungskräften eines anderen Unternehmens zum Mittagessen. Die Atmosphäre war freundlich und als wir nach dem Essen unseren Kaffee schlürften, waren wir uns einig, dass unsere beiden Unternehmen zusammenarbeiten sollten. Wir waren uns nicht ganz sicher, was wir tun wollten, aber es gab eine ganze Reihe von Gebieten, die es wert waren, untersucht zu werden. Ich sagte dem Gesprächsleiter der anderen Seite, dass wir einige Informationen benötigten, bevor wir den nächsten Schritt vorschlagen könnten. Er versprach mir, innerhalb von zwei Wochen mit einer Wunschliste von Zielen zu mir zurückzukommen. Als Gefallen fügte er hinzu, dass er mit seinem internen Team ein Treffen für mich vereinbaren würde. Dann meinte er, dass es von beiderseitigem Nutzen wäre, wenn er unser Unternehmen bei einem oder zweien seiner Hauptpartner einführen würde. Aber dann machte er etwas Außergewöhnliches. Er unterbrach sich und sagte: »Warten Sie einen Moment. Ich verspreche lieber nicht mehr, als ich halten kann. Sie bekommen von mir die Liste, Mark, und dann sehen wir weiter.«

Was diese Äußerung so außergewöhnlich macht, ist die Tatsache, dass nur wenige Verkäufer so klug sind, sie zu machen. Am Beginn jeder potenziell großen Beziehung ist es leicht, sich davontragen zu lassen und mehr zu versprechen, als man tatsächlich halten kann. Die Beteiligten vergessen dabei, dass wenn sie diese Konferenz verlassen, sie auch noch andere Konferenzen und andere Versprechungen haben, denen sie gerecht werden müssen. Die Versprechungen häufen sich, manches fällt dabei unweigerlich unter den Tisch und Ihre Glaubwürdigkeit hat genau in dem Moment einen Knacks erhalten, als sie zunehmen sollte.

Besser wäre es, und das kann jeder lernen, weniger zu versprechen. Kein Mensch wird deshalb schlecht von Ihnen denken.

KAPITEL 3

Wie man den Kunden bekommt, den man verdient

Beim Verkaufen bekommen Sie die Kunden, die Sie verdienen. Wenn Sie das nicht glauben, dann schauen Sie sich einfach die Top-Produzenten in Ihrer Firma an. Wem verkaufen sie? Wer sind ihre Interessenten? Wie schneiden Ihre Kunden in puncto Macht, Freundschaft, Integrität und Entschlossenheit im Vergleich zu Ihnen ab?

Wenn Sie ein besserer Verkäufer sein wollen, sollten Sie sich bessere Kunden suchen.

Meiner Erfahrung nach ist der beste Kunde ein Freund, der Entscheidungsträger ist und nicht nur mag, was ich vorschlage, sondern mir auch dabei hilft, Widerstände in seiner Firma zu überwinden.

Der nicht so perfekte Kunde ist jemand, der ja sagt, mich durch sein Unternehmen gehen lässt und hinterher seine Untergebenen sprechen lässt. Der am wenigsten perfekte Kunde ist natürlich derjenige, der von vornherein anderer Meinung ist als ich.

Meine Vorstellung vom perfekten Kunden muss nicht die Ihre sein, sollte es auch nicht sein. Aber viele würden den perfekten Kunden gar nicht erkennen, selbst wenn er direkt vor ihnen sitzen und zu allem ja sagen würde. Hier ein paar weitere Qualitäten, die Ihnen helfen können, den perfekten Kunden zu erkennen, wenn Sie ihn treffen.

1. Er spricht, Sie hören zu

Je besser Sie jemanden kennen, desto mehr wird dieser über seine Probleme reden und Ihnen zeigen, wie diese mit Ihnen zusammenhängen. Wenn er Ihnen traut, wird er die Konflikte beschreiben, die er mit seinem Chef oder Kollegen hat, wenn es darum geht, das Programm zu unterstützen, das Sie beide wollen. Und er wird sich mit Ihnen durch diese internen Konflikte hindurchkämpfen. Er wird Sie in die Lösung mit einbeziehen. Außer von einem Freund werden Sie so etwas selten hören. Und das ist der perfekte Kunde.

2. Er braucht Sie und Sie missbrauchen diese Tatsache nicht

Es gibt nicht viele Geschäftsbeziehungen, bei denen Sie die Extravorteile für sich in Anspruch nehmen und mit ihnen weggehen können. Aber der perfekte Kunde ist eine dieser Beziehungen. Der perfekte Kunde vertraut Ihnen und erwartet ein perfektes Urteil von Ihnen. Alles darunter kann katastrophale Folgen haben.

Wir überzeugten kürzlich die Direktoren einer großen amerikanischen Sportveranstaltung, eine ausgedehnte Promotion mit Erinnerungs-Programmheften zu machen, um die Veranstaltung und ihre immensen Investitionen zu fördern. Die Idee gefiel uns, weil wir dabei viel Geld verdienen würden. Die Idee gefiel den Direktoren der Veranstaltung, weil sie uns trauten und alles billigten, was wir vorschlugen. Leider trübte unser Enthusiasmus unsere Urteilsfähigkeit. Wir überschätzten die Druckauflage. Wir verdienten zwar immer noch etwas, aber der Kunde machte Verluste und jetzt ist eine perfekte Beziehung nicht mehr so perfekt.

Beim perfekten Kunden, der viele Dinge Ihrer Diskretion überlässt, müssen Sie viel mehr tun, als üblicherweise von Ihnen verlangt wird.

3. *Er sagt nein, ohne Sie bloßzustellen*

Es gibt Momente im Geschäftsleben, da lernen Sie einen Kunden, gerade wenn er nein sagt, wegen seines vorbildlichen Verhaltens besonders schätzen.

Der perfekte Kunde führt Sie nicht vor. Wenn er nicht interessiert ist, macht er das sofort deutlich. Er respektiert Ihre Zeit. Der perfekte Kunde stellt Sie nicht ohne Vorwarnung bloß. Er bereitet Sie auf die Zurückweisung vor, sodass Sie gegenüber Ihren Vorgesetzten und Ihren Kollegen nicht Ihr Gesicht verlieren.

In manchen Fällen wird Ihnen der perfekte Kunde sogar helfen (aus verschiedenen Gründen), anderswo einen besseren Abschluss zu bekommen.

Es gab Gelegenheiten, da zeigte ein alter Kunde deutlich an, dass er an meinem neuesten Projekt nicht besonders interessiert ist. Aber ich vermute, er verblieb im Gebotsprozess, weil dies einen seiner Konkurrenten dazu verleiten konnte, mehr zu bezahlen. Das hat nichts mit geheimer Absprache oder Kungelei zu tun. Das ist der harte Wettbewerb – der perfekte Kunde denkt nämlich, wenn sein Konkurrent viel bei mir ausgibt, hat er an anderer Stelle nicht mehr das Geld, um ihm gefährlich zu werden.

4. *Er ist kein leichtes Opfer*

Sie geben ihm stillschweigend Ihren besten Preis. Als Verkäufer wollen Sie, dass der perfekte Kunde der perfekte Kunde bleibt, das heißt, dass er immer wieder bei Ihnen kauft. Sie wollen ihn sicherlich nicht verlieren, indem Sie unangemessene Preise fordern.

Umgekehrt versteht der perfekte Kunde, dass Sie Profit machen müssen. Während er kein leichtes Opfer für jeden Plan sein darf, den Sie auf den Tisch legen, quetscht er Sie auch nicht aus, wenn Sie unbedingt verkaufen müssen.

Für mich ist ein perfekter Kunde der, an den ich mich wenden und ehrlich sagen kann: »Schauen Sie, ich muss bei diesem Projekt wirklich 10 Prozent mitnehmen. Das sind meine Kosten und hier will ich Profit machen.«

Was soll der Kunde Ihrer Meinung nach tun?

Im Geschäftsleben spiele ich normalerweise nicht die Rolle des Käufers. Zumeist verkaufe ich (denn ich bitte lieber um Geld, als um Geld gebeten zu werden). Aber unvermeidlicherweise bin ich immer wieder mit Leuten zusammen, die mir etwas verkaufen wollen.

So auch vor einigen Monaten, als ich zustimmte, einen jungen Mann zu treffen, der, wie man mir sagte, ein interessantes Konzept habe – einen narrensicheren Marktforschungsservice. Nach 30 Minuten Gespräch war ich mir nicht sicher, was er eigentlich von mir wollte. Wollte er mir den Service verkaufen, suchte er kostenlosen Rat oder wollte er Startkapital?

So fragte ich ihn einfach, was ich denn als nächstes tun solle.

»Ich möchte, dass Sie kaufen«, sagte er. »Ich würde mich freuen, wenn Sie unser erster Kunde wären und wenn Sie es anderen weitererzählen, damit auch sie unsere Kunden werden.«

Eine unverschämte Antwort auf eine unverschämte Frage. Aber es verfehlte völlig den Punkt dessen, was Verkäufer und Kunden eigentlich tun. Den Kunden dazu zu bekommen, etwas zu kaufen, ist per Definition das Endprodukt jeder Verkaufsstrategie. Bevor Sie diesen Moment erreichen, gibt es jedoch einige Dinge, die jeder effektive Käufer vom Kunden verlangen sollte. Hier sind die meiner Meinung nach ersten drei Dinge, die meine Kunden tun sollten.

1. Verplempern Sie nicht meine Zeit

Es gibt nichts Schlimmeres als einen Kunden, der einen hinhält. Ich verhandle lieber mit jemandem, der jeden einzelnen Punkt bis ins Kleinste aushandeln will. So beschwerlich das sein mag, so weiß ich zumindest, dass es am Ende dieses Kampfes einen Abschluss geben wird.

Aber Sie werden immer wieder auf Kunden treffen, die nicht zugeben können, dass sie entweder nicht das Geld oder nicht die Autorität haben oder einfach nicht interessiert sind. Es ist häufig schwer, diese Leute zu erkennen, zu einem großen Teil deshalb, weil der Verkäufer selbst es verleugnet.

Nachdem man so hart gearbeitet hat, um einen Interessenten zu finden oder einen Fuß in die Tür zu setzen, will man als Verkäufer nicht zugeben, dass dieser eine Sackgasse darstellt. Sie glauben, Sie durchbrechen den Widerstand des Interessenten mit einem weiteren Verkaufsgespräch. Sie überzeugen sich selbst, dass Sie mit jedem Folgetreffen eine Beziehung aufbauen. Sie wollen in Kontakt bleiben, weil es Sie zerreißen würde, irgendwann in der Zukunft herauszufinden, dass der Kunde bei jemand anderem gekauft hat. (Glauben Sie mir, ich kenne das Gefühl.)

Meistens macht einen diese Herumhängerei verrückt. Schauen Sie sich die besten Verkäufer in Ihrem Unternehmen an. Wie viele Verkaufsgespräche verbringen sie mit einem Interessenten, bevor sie sich anderen Aufgaben zuwenden? Ich denke, es sind zwei oder drei. Jetzt stellen Sie den kämpferischen Verkäufern dieselbe Frage. Ich wette, sie machen zumindest doppelt so viele Gespräche, bevor sie klar sehen. Mit anderen Worten, sie verbringen doppelt so viel Zeit damit, in eine Sackgasse zu laufen.

Sind die besten Verkäufer in Wirklichkeit unstete Künstler, die wahllos von Interessent zu Interessent springen? Im Gegenteil, Spitzenverkäufer fragen die Kunden schon beim ersten oder zweiten Gespräch geradeheraus, ob sie angesichts der Tatsache, dass seine Zeit kostbar ist, diese verschwenden. Spitzenverkäufer haben keine Angst vor der Antwort, weil sie wissen, dass dies das Erste ist, was sie vom Kunden wissen müssen. Kämpferische Verkäufer sind zu eingeschüchtert, um diese Frage zu stellen.

2. Geben Sie zu, dass Sie ein Problem haben

Kunden können manchmal nicht zugeben, dass sie ein Problem haben, weil sie es gar nicht wissen. Das bedeutet nicht, dass Kunden dumm sind. Sie sind auf bestimmten Gebieten einfach nicht so informiert wie Sie.

Über Autos weiß ich zum Beispiel nur, dass ich eines besitze und es auch fahre. Ich habe keine Ahnung, wie ein Auto funktioniert. Ich achte nicht auf den Benzinstand oder die jährlichen Instandhaltungskosten, die entscheidend bestimmen, welches Modell die meisten Leute fahren. Mein Auto könnte dreimal so viel an Reparaturkosten im Jahr kosten wie ein vergleichbares Modell, weil ich aber über Autos nichts weiß und sie mir auch völlig gleichgültig sind, würde ich gar nicht merken, dass ich ein Problem habe.

Ein harter Verkäufer würde mir klarmachen, dass ich ein Problem habe. In dem Augenblick, da ich mit ihm in Beziehung trete, würde er mich fragen, welches Modell ich im Augenblick fahre. (Wenn er wirklich hart ist, hätte er sich die Marke meines Autos bereits beim Hereinkommen notiert.) Wenn ich ein kostspieliges Modell fahre, würde er mich fragen, was ich für Reparaturen ausgebe und wie ich dazu stehe. Weil der Kauf eines Autos häufig eine emotionale Angelegenheit ist – die Leute lassen sich durch das Design oder die Leistung oder die blinde Loyalität zu einer Marke beeinflussen, statt auf die Instandhaltungskosten zu achten –, könnte bei mir ein wunder Punkt angesprochen werden, von dem ich bis dato noch gar nichts wusste. Wenn alle Dinge gleich sind und die Automarke des Verkäufers billiger in der Instandhaltung ist, kommen wir vielleicht ins Geschäft. Aber er hätte keine Chance, wenn er mich nicht zuerst darauf aufmerksam gemacht hätte, dass ich ein Problem habe.

Das ist bei jedem Geschäft das Gleiche. Interessenten, die Sie in Ihr Büro lassen, wollen erfahren, wie gut Sie sind. Aber mehr als alles andere wollen sie Ihnen erzählen, wie gut auch sie selbst sind. Wenn Sie ihnen aufmerksam zuhören, werden sie Ihnen Möglichkeiten eröffnen, Probleme zu untersuchen. Untersuchen Sie schonungslos und sie werden Ihnen ihre Schwächen offenlegen. Wenn jemand zugibt, dass er ein Problem hat, dann sucht er umgehend nach Lösungen, gewöhnlich bei jenen, denen er sich geöffnet hat. Achten Sie darauf, dass Sie das sind.

3. Mögen Sie mich

Kunden habe Dutzende von Gründen, um nicht von Ihnen zu kaufen. Sie kennen einen Konkurrenten, der billiger oder besser oder schneller ist. Sie verstehen Sie nicht. Sie verstehen Sie, glauben Ihnen aber nicht. Das sind ernsthafte, manchmal entschuldbare Hürden. Aber es gibt keine Entschuldigung dafür, ein Geschäft verloren zu haben, weil der Kunde Sie nicht mag.

Ich habe immer gesagt, dass eines der Schlüsselereignisse in meiner Karriere die Erkenntnis war, dass ich eine Reihe von Gelegenheiten vergab, weil man mich nicht mochte. Ich vertrat Palmer, Nicklaus und Player, die drei berühmtesten Golfspieler seinerzeit. Ich dachte, die Welt würde mir zu Füßen liegen, um meine Klienten zu bekommen. Tatsächlich war es auch so. Palmer, Nicklaus und Player zu verkaufen war die Sache eines Telefongesprächs, einen Preis zu nennen und den nächsten Anruf zu beantworten.

Soweit ich mich erinnere, war ich auf einem hektischen Absatzmarkt äußerst effektiv. Für andere war ich kurz angebunden und arrogant. Und das hatte Folgen. Es verblüffte mich, dass viele der aufstrebenden Golfer unser Unternehmen buchstäblich mieden und bei weniger erfahrenen Managern unterzeichneten, bis ein Freund mich auf das Offensichtliche brachte. Sie mochten mich nicht, weil ich mir nicht die Zeit nahm, sie kennen zu lernen oder mich darum zu bemühen, dass sie mich mochten. Das Geschäft veränderte sich in dem Moment, da ich meine Vorgehensweise änderte.

Eine der großen Ironien im Geschäftsleben ist die Tatsache, wie viele erfolgreiche Menschen den Ruf besitzen, schwierig und kompromisslos zu sein, doch wenn man sie trifft, besitzen sie einen geradezu entwaffnenden Charme. Das heißt nicht, dass ihr Ruf unverdient wäre oder dass sie gezwungen wären, ihre wahre Natur in Ihrer besonderen Gegenwart zu verleugnen. Sie sind bei jedem so. Sie können hart sein, wenn die Situation es erfordert, aber angesichts eines potenziellen Kunden wissen sie, was sie von ihm wollen. Sie wollen, dass er sie mag. Und verhalten sich entsprechend.

Die Reaktion bekommen, die man verdient hat

Vor einigen Jahren führte mich der Ehrenvorsitzende eines Unternehmens, mit dem wir zusammenarbeiten wollten, durch die höheren Ränge seiner ehemaligen Organisation. Ich akzeptierte das Angebot sofort. Es passiert einem nicht jeden Tag, dass man Gelegenheit erhält, die innere Funktionsweise eines großen Kunden kennen zu lernen.

Meine erste Lektion handelte vom CEO und den fünf Führungskräften. Der Ehrenvorsitzende hatte jeden von ihnen persönlich eingestellt, sodass seine Kurzbeschreibungen mir mehr Einsichten vermittelten als die Daten in den offiziellen Biografien und den Pressemitteilungen.

Über den CEO sagte er: »Machen Sie sich keine Gedanken, wenn er zunächst sehr zurückhaltend auf Sie wirkt. Er reagiert auf alles sehr langsam.«

»Der Chef der Marketingabteilung«, sagte er, »ist ein Enthusiast. Er reagiert auf jede Idee mit Begeisterung. Aber wundern Sie sich nicht, wenn er am nächsten Tag seine Meinung geändert hat.«

Über den Leiter der Finanzabteilung sagte er: »Er reagiert auf alles negativ. Das ist sein Job. «

Das Grundthema des ehemaligen Chairmans wird hierbei ganz deutlich: Jeder kann sehen, wie eine Person auf die Verkaufstaktik des anderen reagiert. Aber man benötigt eine historische Perspektive, um zu verstehen, was diese Reaktionen tatsächlich bedeuten.

Im Nachhinein war die Analyse der Reaktionsstile des ehemaligen Chairmans wahrscheinlich der wertvollste Hinweis, den er mir geben konnte. Ich erhielt damit einen Vorteil, den ich so vorher nie wirklich gesehen hatte. Dadurch wurden sämtliche falschen Eindrücke revidiert, die ich über unsere Interessenten in diesem Unternehmen hatte. Es warnte mich, nicht alles für bare Münze zu nehmen. Ich sollte meine Hoffnungen nicht nur auf die ursprüngliche Begeisterung einer einzelnen Führungskraft setzen. Ebenso sollte ich mich durch eine einzelne negative Reaktion nicht gleich entmutigen lassen. Eine solche Haltung konnte mit viel Mühe immer noch umgebogen werden.

Seit diesem Vorfall habe ich immer versucht, etwas aus den Reaktionen der Menschen auf Informationen oder Fragen zu lernen. Und dieses Wissen sowohl als Manager als auch als Verkäufer anzuwenden. Hier vier übliche Reaktionsweisen:

1. Langsam Reagierende

Ich bewundere langsam Reagierende (und wünschte, ich wäre mehr wie sie). Egal, wie sehr man Schnelligkeit und Entschlossenheit schätzt, man wird wahrscheinlich selten in Schwierigkeiten kommen, weil man langsam reagiert.

Langsam Reagierende spielen mit verdeckten Karten. Bei einem Verhandlungsgespräch lassen sie die andere Seite immer etwas im Unklaren, weil sie nie genau sagen, was sie wirklich denken. Bei einer Verkaufssituation kann man sie nicht in einen Deal hineindrängen, den sie nicht mögen. Sie können weggehen und auf einen besseren Moment warten. In einer Welt, wo man ständig zu Entscheidungen gedrängt wird, die man später bereut, ist diese schneckenhafte Disziplin von großem Wert.

Ich habe auch sehr langsam Reagierende in meinem Team, weil ich weiß, dass sie in Krisenzeiten ruhig bleiben und dass ihre Meinungen auf sorgfältigen Überlegungen und nicht auf Panik oder dem Bedürfnis, eine schnelle Antwort zu geben, basieren. Ich fördere in unserem Unternehmen sogar langsam Reagierende. Wenn ich Untergebenen einen Vorschlag mache oder eine Frage stelle, füge ich immer hinzu, dass sie nicht gleich darauf antworten müssen. »Kommen Sie in ein paar Tagen mit Ihrer Antwort wieder«, sage ich. Ich will ihnen klarmachen, dass sie sich Zeit lassen sollen, dass die schnelle Antwort sinnlos ist, wenn es nicht die richtige ist.

2. Negativ Reagierende

Negativ Reagierende hassen automatisch jeden Vorschlag. Sie sind von ihrer Konstitution her nicht in der Lage zu sagen: »Ich mag das«, oder »Das ist eine tolle Idee«. Tatsächlich können Sie leicht mit ihnen umgehen, wenn es Ihnen gelingt, die fein abgestimmten Bedeutungen ihrer verschiedenen Neins richtig zu deuten.

Wir hatten einst einen Mitarbeiter, der ein klassischer Neinsager war. Ich wusste das von ihm, sodass ich seine erste oder zweite Reaktion auf einen Vorschlag gar nicht groß berücksichtigte. Wenn ich ihn fragte, ob er daran interessiert sei, einen neuen Klienten zu vertreten, wusste ich, dass sein unmittelbares Nein wahrscheinlich ja bedeutete, »Auf keinen Fall« bedeutete vielleicht und »Ich gehe eher, bevor ich mit diesem Blödmann arbeite!« war ein solides Nein. Nur bei der letzten Antwort konnte ich mir weitere Mühen sparen.

Für Manager sind negativ Reagierende als Boten äußerst sinnvoll. Sie scheinen es zu genießen, negative Antworten zu übermitteln. Ich weiß das, weil ich häufig genug der empfangende Teil solcher Antworten war. Es gab Zeiten, da wusste ich, dass ein Entscheidungsträger nicht derjenige sein wollte, der einen unserer Vorschläge ablehnt, also überließ er die Entscheidung einem Kollegen – eindeutig dem hausinternen »Negativreagierer«. Er erzählte mir vielleicht: »Ich bin dabei, wenn Joe Smith es will«, aber wir beide kannten die Antwort.

3. Impulsiv Reagierende

Impulsiv Reagierende sind solche, die auf alles überreagieren. Für sie ist Ihr Preis nicht einfach hoch, sondern empörend. Ihre Idee ist nicht einfach schwach, sie ist das Blödeste, was man je gehört hat. Ihre Verhandlungsposition ist nicht einfach nicht verhandelbar, sondern der Grund, warum man nie mehr mit Ihnen Geschäfte macht. Wenn eine Reaktion auf die Spitze getrieben werden kann, tun sie es. Und das geschieht laut, impulsiv, maßlos und manchmal völlig irrational.

Es gibt nur zwei Momente, wo diese Reaktion sinnvoll ist: Wenn Sie jemanden kränken wollen oder jemand versucht, Sie zu kränken.

4. Berechnend Reagierende

Dann gibt es noch ein paar ganz ungewöhnliche Menschen, die ihre Reaktionen völlig unter Kontrolle haben. Abhängig von den Neuigkeiten, die sie erhalten und der Botschaft, die sie zurücksenden wollen, können sie einmal unergründlich, wütend wie ein Vulkan, umgänglich, enthusiastisch, oder was gerade erforderlich ist, sein. Das ist Agieren und nicht Reagieren.

Das kann ein wertvolles Talent sein. Es gibt Zeiten, da hätte ich mir gewünscht, ich hätte langsamer reagiert, wenn ich mit etwas herausgeplatzt war und mir sofort gewünscht hatte, es rückgängig machen zu können. Wenn ich meine Reaktionen besser kalkulieren könnte, wäre ich ein besserer Verkäufer, Verhandlungsführer und Manager.

Natürlich hat das auch seine Nachteile. Wenn man sie erst einmal durchschaut hat, traut man berechnend Reagierenden nicht mehr. Sie haben immer einen versteckten Plan. Ungeachtet ihrer Antwort auf eine Situation lassen sie ihr Gegenüber immer im Unklaren darüber, wie ihr wirklicher Plan aussieht.

Wie man eine Konferenz einschätzt (oder meine heimlichen Lieblingspläne)

Ein Kollege und ich führten vor ein paar Monaten ein Verkaufsgespräch über ein Bekleidungsunternehmen. Es hatte Monate gedauert, bis das Treffen zustande gekommen war, aber es gab uns die Chance, eine Stunde mit den drei Spitzen des Unternehmens zu sprechen. Als wir das Gebäude verließen, wandte sich mein Kollege an mich und sagte: »Das war wohl reine Zeitverschwendung.«

»Was meinen Sie?«, fragte ich, »ich dachte, es sei ein hervorragendes Treffen gewesen.«

»Natürlich sagen Sie das, Mark«, antwortete er, »alle Ihre Gespräche sind hervorragend. Ich habe noch nie von Ihnen gehört, dass eine Besprechung schlecht gewesen ist.«

Abgesehen von dem freundlichen Sarkasmus in dieser Bemerkung hatte mein Kollege etwas Richtiges gesagt. Es gibt einen Teil in mir, der sich weigert zuzugeben, dass Verkaufsgespräche völlig sinnlos gewesen sein sollen.

Ein Teil davon ist ein Gedankenspiel. Verkaufen ist ein hartes, frustrierendes Geschäft, das Ihnen jeden Enthusiasmus rauben und Sie völlig zermürben kann. Wenn Sie Ihre Verkaufs-

gespräche immer durch die rosarote Brille sehen, ist das eine
Möglichkeit, motiviert zu bleiben.

Aber es ist nicht die einzige Möglichkeit. Was mein Kollege
nicht berücksichtigte, war, dass ich ein sehr versöhnliches Klas-
sifizierungssystem für meine Verkaufsgespräche habe. Meine Erwartungen sind normalerweise bescheiden. Meine Kriterien für
ein hervorragendes Treffen haben wenig mit abgeschlossenen
Deals oder der Darlegung eines spezifischen Konzepts zu tun.
Manchmal genügt es mir bei einem Treffen herauszufinden, ob
der Kunde und ich uns mögen.

Mein Kollege war von drei Sachverhalten frustriert, die bei
diesem Gespräch deutlich wurden: Das Unternehmen hatte
einen begrenzten Werbeetat; sie hatten noch nie Geld für Athleten oder Sportveranstaltungen ausgegeben; keine der drei
Führungskräfte war sonderlich sportbegeistert. Kein Geld.
Keine Präzedenzfälle. Kein Interesse. Das sind drei gewichtige
Hindernisse, wenn Sie ein Marketingkonzept verkaufen wollen.
Ich verstehe schon, warum seiner Meinung nach das Glas halb
leer war.

Ich sah das Ganze etwas anders. Ich sah eine Führungsspitze,
die sehr klug war und ein Unternehmen, das schnell wuchs.
Wenn sie jetzt nicht das Budget hatten, hätten sie es vielleicht
in zwölf Monaten. Wenn Sport ihnen nicht zusagte, wären sie
dann vielleicht für eine Idee im Bereich der klassischen Musik
offen. Insofern war es ein hervorragendes Treffen. Hier gab es
ein Unternehmen, auf das man in ein paar Monaten noch einmal zurückkommen könnte. Das Glas war halb voll und wäre
vielleicht bald noch voller.

Hier eine Prüfliste meiner bevorzugten Pläne für Verkaufsgespräche. Meine Ziele sind, wie Sie sehen werden, ganz einfach.
Aber das bedeutet normalerweise, dass ich sie auch erreichen
will.

1. Mögen Sie den Kunden?

Das ist das Wichtigste, was Sie aus einer Besprechung herausziehen können. Wenn Sie den Interessenten mögen, haben Sie auch mehr Lust, weiterhin mit ihm zu sprechen. Wenn Sie über längere Zeit weiter miteinander sprechen, haben Sie auch mehr Lust, Geschäfte miteinander zu machen – selbst wenn es zu Beginn keinen zwingenden wirtschaftlichen oder strategischen Grund dafür gibt. Das Entscheidende hierbei ist: Mag der Kunde Sie? Das ist eine ganz wichtige Information.

Seit nunmehr fünfzehn Jahren treffe ich mich, immer wenn ich in Tokio bin, mit dem Chef eines großen Japanischen Herstellers für Büroausstattungen zum Frühstück. Wir treffen uns, weil wir uns mögen. Für mich ist er ein Freund.

In der ganzen Zeit haben wir nie Geschäfte miteinander gemacht (obwohl sein Unternehmen mit Athleten eines unserer Konkurrenten gearbeitet hat). Vor nicht allzu langer Zeit fragte er mich, ob wir nicht eine Idee hätten, wie seine Firma ihr 75-jähriges Bestehen feiern könnte. Ich schlug ein Galakonzert mit unserem Klienten Itzhak Perlman vor und er kaufte das Konzept auf der Stelle.

Sie können natürlich einwenden, dass dieser Abschluss mich fünfzehn Jahre gekostet hat. Aber für mich habe ich diesen Deal vor fünfzehn Jahren abgeschlossen, bei unserem ersten Treffen, als ich erkannte, dass dieser Mann jemand war, den ich mochte, der ein Freund werden könnte, jemand, mit dem ich in Kontakt bleiben wollte.

Im Laufe einer Verkäuferlaufbahn treffen Sie viele Kunden, mit denen Sie nicht viel gemein haben. Deshalb sollten Sie die seltenen Gelegenheiten nicht versäumen, wenn Sie jemanden treffen, der Ihnen ganz und gar sympathisch ist. Ein Treffen, bei dem Sie einen Freund finden, ist ein hervorragendes Treffen.

2. Mögen sie Sport?

Wenn ich bei einem Verkaufsgespräch herausfinden kann, dass der Kunde Sport mag (und welche Sportart im Besonderen), weiß ich, dass ich nicht meine Zeit verschwende. Ein Kunde, der sich für Sport begeistert, wird normalerweise eine Möglichkeit finden, um den Sport in seinem Marketing-Mix unterzubringen.

3. Warum betreiben sie Geschäfte mit der Konkurrenz?

Ich rufe gerne Kunden an, die Sportkonzepte von unseren Konkurrenten kaufen, aber nicht von uns – ich kann sie nach dem Grund fragen. Ich möchte dabei nicht ihre Meinung ändern. Aber ihre Erklärung verdeutlicht mir, was unser Unternehmen falsch macht. Und das kann ich dann ändern.

4. Was glauben sie, tut unser Unternehmen?

Viele potenzielle Kunden haben falsche Vorstellungen über unser Unternehmen. Sie denken, wir sind zu groß (oder nicht groß genug). Sie denken, wir machen nur große Abschlüsse und dass sie sich uns nicht leisten können. Sie kennen nicht das Ausmaß unserer Operationen in Übersee. Sie glauben, wir haben nur mit Golf oder Tennis zu tun.

Manchmal will ich bei einer Konferenz nichts anderes als die falschen Vorstellungen des Kunden richtigstellen. Ich will ihn an diesem Tag gar nicht sonderlich auf eine Sache anspitzen, aber wenn ich deutlich machen kann, dass wir preiswerte Konzepte nicht nur im Sportbereich liefern können, gelingt es mir vielleicht, dass er uns in einem neuen Licht sieht.

5. Haben sie ein Budget?

Bevor Sie den Kunden davon überzeugen können, mehr Geld bei Ihnen zu investieren, müssen Sie festlegen, ob er überhaupt Geld zum Ausgeben hat. Wenn er das nötige Budget jetzt nicht hat, wird er es in der nahen Zukunft haben? Die Antwort auf diese Frage sagt mir, ob und wann ich ein neues Treffen anberaumen kann.

6. Haben sie einen emotionalen Käufer dabei?

Bei einem Verkaufsgespräch suche ich immer den wirklichen Entscheidungsträger. Aber im Laufe der Jahre habe ich gelernt, dass Sport nicht immer ein rational bestimmter Kauf ist. Manchmal ist es eine rein emotionale Angelegenheit. (Es ist schwer zu erklären, aber es unterscheidet sich nicht sehr von einem Autokäufer, der unbedingt einen Corvette oder Ferrari kaufen will. Nur diese Fabrikate dürfen es sein.)

Und so gehe ich oft in ein Gespräch und suche nach einem Entscheidungsträger, der emotional an Wimbledon oder den British Open hängt. Wenn ich ihn finde, kann ich mir Monate, vielleicht sogar Jahre sparen. Wir kommen innerhalb von wenigen Minuten überein und lassen all die Anwälte und Technokraten beiseite, die einen Abschluss so zeitraubend machen. Ein Treffen mit einem emotional bestimmten Käufer ist das beste Treffen überhaupt.

Es braucht nicht viel, damit ein Kunde glücklich bleibt

Einer der großen Mythen dieses Gewerbes ist, dass Sie ständig am Ball bleiben müssen, damit Ihre Kunden und Klienten glücklich sind. Obwohl es bewundernswert, ratsam und vorzuziehen ist, so bedeutet es doch nicht immer die ganze Wahrheit.

In Wirklichkeit sind Kunden und Klienten sehr versöhnlich. Wenn sie sich einmal entschlossen haben, Ihr Kunde oder Klient zu sein, müssen Sie sich schon eine ganze Menge an Schnitzern leisten, bevor sie sich eingestehen, dass sie mit Ihnen einen falschen Griff getan haben.

Ich weiß, wovon ich spreche. Obwohl ich ein ziemlich fordernder Kunde bin, wundere ich mich doch immer wieder darüber, wieviel Inkompetenz ich bei Händlern und Lieferanten toleriere, bevor ich meine Geschäfte mit jemand anderem mache. Ich prahle nicht und billige sicherlich nicht Nachlässigkeiten als eine Strategie, die Kunden beibehalten sollten. Ich mache nur die Beobachtung, dass es kein besonderes Problem ist, seine Kunden zu halten.

Und trotzdem schaffen es viele, nicht einmal dieses Minimum zu erreichen und müssen zusehen, wie ihre geschätzten Kunden das Weite suchen.

Alles läuft darauf hinaus, dass Ihre Kunden und Klienten drei Kriterien verwenden, um Sie einzuschätzen:

- Kommunikation,
- Service,
- Wertschöpfung.

Wie Sie mit diesen drei Dingen umgehen, ist ein verlässlicher Indikator, wie lange Sie Ihre Kunden halten können. Hier eine Prüfliste, um zu sehen, wie Sie es tun:

1. Kommunikation

Wir alle haben keine Probleme damit, mit dem Kunden vor dem Verkauf gut zu kommunizieren. Wir sind dann auf der Hut, sind gewillt, dem Klienten alles zu erklären, wir rufen den Klienten unmittelbar zurück, werden jeder Laune des Klienten gerecht.

Aber es ist noch viel wichtiger, nach dem Verkauf zu kommunizieren. Und das vernachlässigen viele von uns. Haben wir den Klienten erst einmal bei der Hand, halten wir ihn für etwas Selbstverständliches.

Sind Sie zugänglich? Können Sie hören und zuhören? Nehmen Sie es als gegeben hin, dass die Prioritäten des Klienten nicht nur andere, sondern auch wichtigere sein können als Ihre?

Und am wichtigsten, machen Sie Überstunden, um den Grund zu erklären? Klienten erwarten von Ihnen, dass Sie ihnen das Wer, Was, Wann, Wo und Wieviel jeder Transaktion erklären. Und die meisten von uns können das ganz gut. Wenn es zu einem Zusammenbruch der Kommunikation kommt, dann fast immer deshalb, weil jemand vergessen hat, das Warum zu erklären. Das ist das fehlende Zubehör, das Klienten wirklich haben wollen.

Ein elementares Beispiel: Sagen wir, ich will für 100 Dollar den Motor meines Autos neu einstellen lassen. Ich hole ihn später wieder ab und erhalte eine Reparaturrechnung über 600 Dollar. Der Mechaniker geht die Rechnung mit mir durch. 20 Dollar für einen Ölwechsel, 30 Dollar für neue Zündkerzen, 50 Dollar Arbeitskosten und 420 Dollar für neue Bremsen. Mit anderen Worten, er teilt mir das Was und Wieviel mit. Aber angesichts der inhärenten Paranoia, die uns alle in einer Autoreparaturwerkstätte überfällt (Autos sind ein Geheimnis und wir werden geschröpft), muss der Mechaniker eine sehr gute Erklärung für diese 420-Dollar-Überraschung für neue Bremsen haben. Es reicht nicht zu sagen, sie waren ausgetreten. Wenn er mir sagt, warum, indem er mir die alten Bremsen zeigt, auf den Schaden hinweist, darauf hinweist, dass sie nach so vielen Kilometern einfach fällig waren usw., ist es vielleicht nicht ganz so hart für mich, diese Rechnung zu schlucken. Und wenn er das freiwillig tut, bevor ich ihn darum bitten muss, dann bin ich noch mehr beeindruckt. Ich verlasse die Werkstatt und bin ihm dankbar. Er hat einen lebenslangen Kunden.

2. Service

An dieser späten Stelle brauche ich wohl nicht weiter Tinte damit verschwenden, um auf die Wichtigkeit des Services hinzuweisen. In den letzten zehn Jahren war der Service das bestimmende Thema auf der internationalen Business-Szene. Wenn der Kunde zwei gleichwertige Produkte vor sich hat, dann wird er das eine vor allem wegen des besseren Services nehmen. Mit einem exzellenten Service hat man die Aussicht, neue Kunden und Klienten zu gewinnen.

Allerdings vergessen viele von uns, dass man nur mit ständigem Service Klienten halten kann. Das ist gutes Business. Langfristig kostet es weit weniger, alte Klienten zu halten, als neue zu finden.

Mein Freund Ben Bidwell, der ehemalige Chairman von Chrysler Motors, zitierte ein Beispiel, wie die amerikanische Autoindustrie dieses einfache Konzept vergaß:

»In meinem Industriezweig ist man jeden Tag auf der Jagd nach neuen Geschäften«, erzählte er mir. »Darin investierten wir unser ganzes Geld, in Werbung, Rabatte, Produktentwicklung. Während wir das taten, erzählten wir den Kunden, die wir schon hatten: Tut uns leid, Ihre Garantie deckt das nicht ab, oder tut uns leid, dafür haben wir keine Position.«

»Wir bekamen, was wir verdienten. Wir hatten einmal ausgerechnet, dass es uns 10 000 Dollar kostet, einen Kunden in unsere Räume zu bringen und ihm ein Auto zu verkaufen. Und dabei verloren wir alte Kunden, die mit einer 100-Dollar-Rechnung hier und da bei uns geblieben wären. Es war verrückt.«

Wenn Sie die Wichtigkeit des Services nicht richtig einschätzen können, schauen Sie sich einfach Ihre laufende Klientenliste an. Denken Sie daran, wie viel einfacher es ist, diese gut zu bedienen, als sie durch neue Klienten zu ersetzen.

3. Wertschöpfung

Das ist das am schwersten zu bewertende und zu liefernde Kriterium, denn was für Sie Wertschöpfung bedeutet (außergewöhnliche Serviceleistungen, die über den Pflichtanruf hinausgehen), mag für einen Kunden ganz normal und für einen anderen völlig unnötig sein.

Mit diesem Problem sehen wir uns in unserem Geschäftsalltag täglich konfrontiert.

Einige Klienten kommen einfach deshalb zu uns, um ihr Einkommen zu erhöhen. Wertschöpfung ist für sie ein reines Zahlenspiel: Wie viel haben sie verdient, bevor sie zu uns kamen und wie viel verdienen sie mit uns? Sie kümmern sich absolut nicht um unseren Extraservice. Der hat für sie keinerlei Wert.

Andere kommen genau wegen dieser Serviceleistungen zu uns. Ein Superstar der klassischen Musik bittet uns, ihn zu vertreten, nicht weil er möchte, dass wir mehr Auftrittstermine für ihn buchen. Er hat normalerweise mehr Angebote, als er erfüllen kann. Er sucht nach der persönlichen Betreuung, es geht ihm nicht nur um die Karriere, sondern er braucht jemanden, den er zu jeder Tageszeit anrufen kann, um die quälendsten Details zu besprechen. Wertschöpfung misst sich für ihn daran, wie unangenehm sein Leben ohne uns wäre.

Festzuhalten bleibt, dass Wertschöpfung sich mit jedem Klienten ändert. Bevor Sie für einen Klienten Wertschöpfung betreiben können, müssen Sie wissen, was dies für ihn eigentlich bedeutet.

Als ich vor kurzem diese drei Kategorien einem Freund gegenüber erwähnte, erinnerte er mich daran, dass man nicht in allen drei Bereichen perfekt sein muss, um einen Kunden zu halten.

»Wenn man in zweien der drei gut ist«, sagte er, »bleiben Ihre Klienten bei Ihnen und die meisten sind glücklich. Vielleicht reicht sogar schon eine der drei Kategorien.«

Als ich ihn fragte, welche der drei Kategorien für ihn die wichtigste wäre, sagte er ohne zu zögern: Kommunikation. Dann erzählte er mir von seinem Finanzberater.

»Hinsichtlich der Wertschöpfung«, sagte er, »hat mir mein Finanzberater buchstäblich nichts eingebracht. In manchen Fällen hat mich sein Rat sogar Geld gekostet. Wenn ich mich nur nach den Zahlen richten würde, könnte ich auch ohne ihn sein. Ich benötige ihn nicht, um mein Geld auf einem Sparkonto zu parken. Wenn Sie also Wertschöpfung unter diesem Gesichtspunkt betrachten, landen wir bei null.

Aber er ist hervorragend in Service und Kommunikation. Ich erhalte meine Bilanzen alle rechtzeitig. Sie sind absolut korrekt. Wenn ich eine Investitionsfrage habe, hat er eine gut fundierte Antwort. Ich habe in puncto Service kaum etwas an ihm auszusetzen. Deshalb bleibe ich bei ihm. Woher soll ich wissen, ob ich mit einem anderen besser fahre?

Aber das Entscheidende ist, dass er zu jeder Investitionsentscheidung eine sehr vernünftige Erklärung hat. Es klappt nicht alles, was er tut. Aber wer ist schon perfekt? Solange er mir erzählt, warum er tut, was er tut, kann ich mit den Ergebnissen leben. Vielleicht ist das verrückt. Aber vor allem deshalb bleibe ich bei ihm.« Wie ich bereits sagte, es kostet nicht viel, damit Klienten glücklich sind. Manchmal reicht gerade mal das Minimum.

Je intensiver Sie es versuchen, desto intensiver werden die anderen es versuchen

Es gibt einen Punkt bei jedem hinausgezögerten Verkaufsgespräch, wo der Verkäufer eine Entscheidung treffen muss. Er hat alles, was in seiner Macht stand, getan, um den Kunden zu bekommen – Gespräche, Vorschläge, Produktvorstellungen, Nachfolgegespräche usw. Aber der Kunde blieb unentschlossen.

Sollte sich ein Verkäufer abrackern für einen Kunden und riskieren, eine Menge Energie und Zeit für eine hoffnungslose Sache zu vergeuden? Oder sollte er es als Verlust abhaken und sich anderen Dingen zuwenden?

Mit wenigen Ausnahmen würde ich immer dafür plädieren, sich abzurackern, weil Menschen langfristig einem anderen nicht widerstehen können, der so hartnäckig versucht, ihnen zu gefallen. Das ist einfach die menschliche Natur. Menschen sind Nachahmer. Je mehr Sie es versuchen, desto mehr müssen sie entsprechend reagieren.

Ich sehe diese Form der Nachahmung immer wieder auf dem Tennisplatz – wenn ein Spieler den Ball mit viel Drive schlägt und der andere Spieler den Ball instinktiv mit dem gleichen Drive zurückschlägt (selbst wenn er weiß, dass dies schlecht für sein Spiel ist).

Dasselbe gilt für Verkaufssituationen.

Vor einigen Jahren wollten wir unbedingt die Verlags- und Rundfunkinteressen einer Persönlichkeit des öffentlichen Lebens vertreten, die sich zurückgezogen hatte. Aber es war ein ganz schön hartes Stück Arbeit, ihn davon zu überzeugen, dass er einen Agenten benötigte. Egal, wie redegewandt wir ihm darlegten, was für wunderbare Dinge wir auf der ganzen Welt für ihn tun könnten, er widersetzte sich.

Das ging monatelang so weiter, bis er eines Tages erwähnte, dass er eine Reise nach Japan plante. Ich stürzte mich auf diese Information und stellte ihm unser Tokioer Büro zur Verfügung.

Wir würden ihm nicht länger erzählen, wie gut wir sind: jetzt bestand die Chance, es ihm zu zeigen.

Als unser Büro in Tokio sich darum kümmerte, seine Flüge und Hotels zu buchen, ihn bei japanischen Geschäftsleuten einzuführen, Interviews mit den örtlichen Medien zu vereinbaren, spürte ich, dass er nicht länger unschlüssig bleiben konnte. Er stand mit unseren Leuten in ständigem Kontakt. Je härter wir arbeiteten, desto weniger konnte er widerstehen. Obwohl kein Geld im Spiel war und wir ihm während seines Aufenthalts in Japan eigentlich nur einen Gefallen taten, würde er de facto unser Klient sein.

Wenn wir unseren Job jetzt gut erledigten, wäre es reine Formsache, ihn zu einem richtigen Klienten zu machen. Und genau das geschah auch.

Machen Sie sich um die Bezahlung später Gedanken

Ich war schon immer davon überzeugt, dass einer der größten Fehler, den Verkäufer machen können, besonders wenn sie eine Dienstleistung verkaufen, der ist, dass sie sich weigern, mit einem Interessenten zu arbeiten, bevor es nicht zu einer Übereinkunft gekommen ist oder das erste Geld geflossen ist. Ich verstehe, warum man diese Haltung annimmt. Wir alle wollen für unser Talent und unsere Arbeit bezahlt werden und es ist ein natürliches Misstrauen, dass jemand versucht, uns auszunutzen.

Meiner Erfahrung nach sind Sie immer besser dran, wenn Sie sich erst einmal um den potenziellen Kunden kümmern und sich erst später Gedanken um die Bezahlung machen.

Ich erkannte das eigentlich eher zufällig in meinem ersten Jahr als Geschäftsmann, als wir damit begannen, so genannte Scheckbuch-Vereinbarungen für unsere Golfklienten durchzuführen. Es schien mir, dass ein Klient wie Arnold Palmer eine Vorstellung davon haben sollte, wo sein Geld hinfloss. So schufen wir einen Bericht, in dem wir jeden eingehenden und jeden ausgehenden Scheck eintrugen und erstellten eine monatliche Bilanz.

Das ist jetzt allgemeiner Gebrauch geworden, aber im Jahre 1961 war das absolut unüblich. Ich sollte noch hinzufügen, dass wir dafür nicht bezahlt wurden. Es war einfach klug, es zu tun.

Wenn man aber mit dem Scheckbuch eines anderen zu tun hat, ist man gezwungen, einigen ganz neuen, unbekannten Erwartungen gerecht zu werden. Wir mussten Antworten parat haben, wenn der Klient fragte: »Warum habe ich dieses Geld ausgegeben?«, oder »Könnten Sie diese Rechnung ausfindig machen?« Wir erhielten dadurch die Gelegenheit zu zeigen, wie gut wir darin waren, Rechnungen aufzuspüren, was wiederum zu immer neuen Dienstleistungen führte, mit denen uns der Klient beauftragte. Je härter wir arbeiteten, um den Klienten zu gefallen, desto mehr mussten sie uns in ihre Geschäfte mit einbeziehen. Unsere Extraanstrengung war eine Art Verkaufstaktik.

Den Nutzen dabei hätte ich nicht voraussagen können. Die Expertise, die wir in puncto Finanzmanagement, Steuern und Versicherungen entwickeln mussten, zementierte nicht nur unsere Beziehung zum Kunden, sondern führte auch zum Wachstum unserer Firma.

Wann man einen Kunden feuern muss

Die Aufgabe eines Verkäufers ist einfach: Bewegen Sie das Produkt. Bauen Sie Volumen auf. Verkaufen Sie an jeden, der kaufen will.

Wenn Sie Verkäufer managen wollen, dann wollen Sie nicht, dass sie diesen Prozess verkomplizieren, indem sie sich aussuchen, wem sie etwas verkaufen und Sie ermutigen sie auch normalerweise nicht dazu, Kunden einfach wieder ziehen zu lassen. Aber vielleicht sollten Sie es trotzdem tun. Manche Kunden und Klienten sind Ihre Dienste oder Produkte einfach nicht wert.

Vor allem sollten Sie die Kunden meiden, die nicht rechtzeitig bezahlen. Egal, wie schmerzhaft es ist, ein Geschäft sein zu lassen, ein säumiger Zahler lässt Sie immer schlecht aussehen, frustriert Ihre Banker und zerstört Ihren Cash-flow und Ihre Glaubwürdigkeit. Ein säumiger Zahler lenkt Sie auch vom Verkaufen ab und zwingt Sie in das Inkassogeschäft.

Fast genauso gefährlich wie der säumige Zahler ist der Kunde, der zu viel bezahlt.

Vor einigen Jahren erhielten wir ein Angebot eines ausländischen Unterhaltungskonzerns, der die Dienste zweier Superstars für Lehrvideos einkaufen wollte. Der Betrag, den dieses Unternehmen anbot – gedeckt durch Wechsel –, war irrsinnig. In der Tat war das Angebot so hoch, so außerhalb der üblichen Angebote, dass wir genau wussten, dass sie ihre Investition nie wieder würden einspielen können.

So lehnten wir das Angebot ab.

Wir respektierten ihre Entscheidung aus einem Grund nicht: Wenn sie in der Preisgestaltung des Beitrages unserer Klienten so inkompetent waren, waren sie vielleicht genauso inkompetent, wenn es darum ging, die Videos zu produzieren und zu vermarkten.

Und noch wichtiger, was letztlich bei den Leuten in unserer Branche hängenbleiben würde, wäre nicht die Tatsache, wie gut die Videos oder der Beitrag unserer Klienten war, sondern dass das Projekt verlustreich war. Sie würden vergessen, dass eine Gruppe von Geschäftsleuten ein verrücktes Angebot gemacht hatte. Haften bliebe vor allem die Tatsache, dass unsere Klienten mit einem Verlierer zu tun hatten.

Dann gibt es noch die Kunden oder Klienten, die Ihren Ruf nicht nur nicht steigern, sondern ihm effektiv schaden. Vor Jahren verkauften wir der Ford Motor Company ein Konzept, das darauf basierte, dass einer unserer Toptennisklienten eine Tennisvorführung in Detroit gab. Ford sponserte diese für sie so wichtige Veranstaltung im dritten Jahr. In der letzten Minute sagte unser Klient mit der Begründung ab, er wäre in Brasilien und krank. Zwei Tage später lasen die Fordleute in der Zeitung, dass er in Hongkong spielte. Um also die Beziehung mit Ford zu erhalten, feuerten wir den Klienten.

In gewissem Sinne ist es gar keine so harte Entscheidung, einen Kunden oder Klienten, der kein Geld einbringt oder der Ihren Ruf bedroht, über Bord zu werfen. Schwieriger wird es da bei den Nebenklienten, die nicht so profitabel sind und Ihre Ressourcen und Zeit nicht so sehr beanspruchen. Welchen soll man nun behalten und welchen feuern?

Das passierte uns in London vor etwa zwanzig Jahren mit dem damaligen Topmodel Jean Shrimpton. Shrimpton hatte sich aus ihrer Branche etwas zurückgezogen und bat uns, Nebeneinkünfte für sie zu besorgen. Wir machten das so gut, dass Shrimpton ihre Kollegin, den Superstar Veruschka, davon überzeugte, bei uns zu unterschreiben. Dann arbeiteten wir noch für ein drittes Model mit dem Namen Maudie James. Das einzige Problem war, dass Maudie James nicht zurückgetreten war und jeden Tag arbeiten wollte. Sie benötigte einen Agenten, keinen Repräsentanten. Damals war der Telefonist, der Anrufe für Maudie James entgegennahm und sagte: »Ich komme auf Sie zurück«, so etwas wie ihr Agent. Kein anderer wollte diesen Job machen.

Diese drei Models zahlten uns 50 000 Dollar im Jahr an Provisionen. Aber alle rieten mir, die drei zu feuern und diesen Geschäftsbereich aufzugeben.

Ich antwortete: »Nun, wenn wir die drei feuern, wen feuern wir dann aus der Belegschaft? Wenn wir das nicht machen, um unsere Kosten zu senken, haben wir nichts weiter getan, als auf 50 000 Dollar zu verzichten.«

Glücklicherweise wusste keiner meiner Mitarbeiter eine gute Antwort darauf. Und wir sind immer noch im Geschäft mit den Models, jetzt aber in größerem Umfang und besser.

Hat der Kunde einen Anspruch auf meine ganze Zeit?

Einer unserer leitenden Finanzfachleute äußerte einmal seine Sorge darüber, dass einige Klienten seine ganze Zeit beanspruchten. Er erwähnte einen Vorfall, als er mit seiner Frau in einem Club in Cleveland aß. Im Laufe eines angenehmen Essens bemerkte ihn einer seiner Klienten, kam zu ihm an den Tisch und stellte ihm einige schwerwiegende Fragen zu seinem Investitionsportfolio.

Unser Mann war etwas verärgert über die Störung und wusste nicht recht, wie er reagieren sollte. »Wo ziehen Sie die Grenze?«, fragte er mich: »Hat ein Klient ständig Anspruch auf mich?« Ich glaube nicht, dass er sich wirklich beklagte, weil er instinktiv das Richtige tat: Er bewältigte die Situation umgehend. Er zerstreute die Sorgen eines Klienten direkt am Tisch.

Er beantwortete seine eigene Frage, »Hat der Klient die ganze Zeit Anspruch auf mich?«, mit einem eindeutigen Ja, weil er einige grundsätzliche Regeln im Umgang mit Klienten und Kunden verstanden hatte, nämlich:

1. Guter Service wird durch den Klienten definiert

Sie können für Ihren Klienten den besten Job auf der Welt machen, aber wenn etwas fehlt, wenn der Klient unglücklich ist, dann sind all Ihre Selbsteinschätzungen über Ihre Leistungen sinnlos. Guter Service ist eine Sache der Wahrnehmung. Guter Service wird durch den Klienten definiert.

Ironischerweise machen es Ihnen die meisten Klienten und Kunden ziemlich einfach, einen guten Service zu liefern. Sie sind weder ausfallend noch übermäßig fordernd. Sie erwarten nicht von Ihnen, 24 Stunden verfügbar zu sein oder Wunder zu vollbringen. Aber sie erwarten von Ihnen, eine Krise zu bewältigen.

Die typische Krise im Geschäftsleben – ob Sie nun elektrische Geräte verkaufen oder ein Hotel führen, Post über Nacht befördern oder mit Büroausstattungen zu tun haben – ist ein Kunde mit einer Beschwerde.

Nach meiner Erfahrung als Lieferant und als Konsument von Dienstleistungen sind die Beschwerden in der Tat die entscheidendsten Momente in den meisten Beziehungen zwischen Käufer und Verkäufer. Wie gehen Sie mit einer Beschwerde um? Ob Sie sie auf der Stelle beheben oder den Kunden zappeln lassen, macht normalerweise den Unterschied zwischen gutem und schlechtem Service aus. Zumindest gilt das für den Kunden und dessen Sicht ist die entscheidende.

2. Teilen Sie Ihre Zeit auf, aber nicht Ihre Aufmerksamkeit

Ein mir bekannter britischer Verleger hegt eine große Bewunderung für einen Konkurrenten, vor allem wegen dessen Fähigkeit, bekannte weibliche Autoren an sich zu binden und zu veröffentlichen. Dieser Rivale ist im herkömmlichen Sinne alles andere als attraktiv. Er macht einen hausbackenen Eindruck und ist schon fortgeschrittenen Alters. Aber Frauen scheinen ihm nicht widerstehen zu können.

Mein Freund fragte eine seiner Autorinnen nach dem Geheimnis dieses Mannes.

»Es gibt kein Geheimnis«, sagte sie. »Im Gegensatz zu den meisten Menschen schenkt er Ihnen seine volle und ungeteilte Aufmerksamkeit. Sie können in einem Raum mit berühmten und schönen Gesichtern sein, aber er wird seinen Blick nie von Ihnen abwenden. Für diese Momente, die Sie in seiner Begleitung verbringen, sind Sie die einzige Person auf der Welt, die zählt. Das ist sehr berauschend.«

Ich denke, das gilt für jede Situation. Wenn Klienten und Kunden Ihre ungeteilte Aufmerksamkeit erhalten, wenn Sie mit

ihnen zusammen sind, dann ist es völlig egal, wie Sie sonst Ihre
Zeit verbringen.

3. Auch Klienten wollen eine langfristige Beziehung

Fast alles, was wir in unserer Organisation tun, ist auf die Förderung langfristiger Beziehungen ausgerichtet – genau das nämlich treibt einen in den Jahren des Booms an und stützt einen,
wenn man in einer Talsohle steckt.

Wenn langfristige Beziehungen für uns als Verkäufer wichtig
sind, dann folgt daraus, dass sie auch für den Kunden wichtig
sind. Doch viele Menschen in Verkaufsorganisationen wissen
das nicht richtig zu würdigen.

Für sie ist ein beiderseitiger Gewinn dann gegeben, wenn sie
ein Produkt oder eine Dienstleistung liefern und der Kunde das
Geld bezahlt. Das ist keine Beziehung, sondern eine Transak-
tion. Sie vergessen, dass der Kunde erwartet, dass sich aus seiner
Schirmherrschaft etwas ergibt, das mehr ist als die Summe seiner
Ausgaben.

Ich weiß, dass das stimmt, denn ich kenne meine Gefühle als
Kunde. Wenn ich einmal in der Woche in den Lebensmittelladen
an der Ecke gehe, dann erwarte ich, dass der Besitzer mich irgendwann einmal wiedererkennt oder meinen Namen weiß.
Wenn ich ein besonderes Restaurant frequentiere, erwarte ich,
erkannt zu werden und vielleicht meinen Lieblingstisch zu bekommen. Das ist einer der psychologischen Vorteile, wenn man
ein loyaler Kunde ist.

Dasselbe passiert auf Firmenebene. An einem bestimmten
Punkt müssen Sie dem Kunden zeigen, dass er Teil einer Beziehung ist und nicht nur eine Serie von Transaktionen.

Das kann sich auf mancherlei Weise manifestieren, indem man
zum Beispiel dem Kunden seine private Telefonnummer gibt
(damit er Sie jederzeit erreichen kann), über ein Bombardement
mit Informationen oder Ideen (sodass er weiß, dass Sie an ihn

denken) bis dahin, dass Sie ihm mehr Zugang zu den Ressourcen Ihres Unternehmens verschaffen.

Während ich dies gerade schreibe, dürften etwa ein Dutzend meiner Mitarbeiter damit beschäftigt sein, etwas für einen Klienten zu tun, wofür sie nicht bezahlt werden – sie besorgen Karten für eine ausverkaufte Sportveranstaltung, kümmern sich um einen Leihwagen, beantworten eine Rechtsfrage oder untersuchen eine Marketingidee. Während ein kleiner Teil in mir sagt, dass wir für solche Dinge bezahlt werden sollten, leite ich eine große Genugtuung aus der Tatsache her, dass es langfristig auch so sein wird.

4. Ein unglücklicher Kunde kann 100 glückliche vergessen machen

Angst ist wahrscheinlich die größte Kraft hinter jeder besonderen Anstrengung für einen Klienten. Die Angst, den Klienten zu enttäuschen. Die Angst, den Klienten zu verlieren. Die Angst, dass der Klient einen anderen informiert.

Behalten Sie das im Kopf, wenn Sie das nächste Mal schwanken, ob Sie den Extra-Kilometer für den Klienten gehen sollen oder nicht. Wenn Sie keine Angst spüren, befinden Sie sich wahrscheinlich im falschen Geschäft (oder werden bald nicht mehr im Geschäft sein). Die Wahrheit ist, ein unglücklicher Kunde kann die positiven Kommentare von 100 zufriedenen vergessen machen.

Den Kunden richtig unterhalten

Ein Freund fragte mich einmal, was ich als den effektivsten Verhandlungsort zur Unterhaltung eines potenziellen Kunden betrachten würde. Karten für eine Broadway- oder Westendshow? Eine Runde Golf? Ein Boot für die Tiefseefischerei zu chartern?

Jeder dieser Orte kann zu einer fantastischen Erfahrung werden oder in einem Desaster enden. Tatsache ist, Kunden richtig zu unterhalten (sodass sie Sie mögen, Sie über sie etwas lernen und sie deshalb in Erwägung ziehen, zukünftig bei Ihnen zu kaufen), ist nicht so sehr eine Sache des Ortes, sondern eher von drei häufig übersehenen Faktoren: 1. die Erfahrung muss einzigartig sein; 2. sie muss gut durchgeführt werden; 3. sie sollte Ihre Beziehung zueinander irgendwie fördern.

1. Einzigartigkeit

Der Verhandlungsort ist einer der am häufigsten missverstandenen Aspekte des Unterhaltens, besonders wenn Verkäufer denken, dass man dann einen Kunden gewinnt, wenn man recht viel Geld für ihn ausgibt. Dem stimme ich nicht zu. Wenn es wahr wäre, dann gingen die besten Verkäufer nur in die teuersten Restaurants. Sie würden im Baseballstadion nur Plätze in der ersten Reihe kaufen. Und Sie könnten Ihre erfolgreichsten Verkäufer allein schon daran erkennen, wie viel sie für Spesen aufwenden.

Aber wenn man jemanden unterhalten will, muss man etwas mehr tun, als nur die Kreditkarte herauszuziehen oder die Brieftasche zu leeren.

Meiner Erfahrung nach kann alles Mögliche ideal sein, solange es einzigartig ist. Meine Regel lautet: Bringe sie irgendwohin, wo sie ohne mich nicht hinkommen können.

Einen Kunden zu einer Broadway-Show mitzunehmen ist eine nette Geste. Wenn wir noch zusammen essen, kann es auch ziemlich teuer werden. Aber es ist nicht einzigartig. Jeder kann eine Karte kaufen. Und es fördert auch nicht die Beteiligung unserer Firma am Sport.

Wenn ich den Kunden zu einem ausverkauften Footballspiel

mitnehme, so kann doch vielleicht jeder mit ein wenig Anstrengung eine Karte kaufen.

Wenn ich ihn zu einem Super-Bowl-Spiel mitnehme, kann wahrscheinlich jeder mit ein paar tausend Dollar in der Tasche einen Sitz ergattern.

Wenn ich ihn nach Wimbledon mitnehme und er möglicherweise auch noch einen der Spieler treffen kann, könnte er das ohne mich wahrscheinlich nicht.

Wenn ich ihn mitnehme, um mit Arnold Palmer zu spielen, dann bin ich mir sicher, ohne mich ginge das nicht.

Auf einer Hitliste von eins bis zehn wäre Golf mit Arnold der Spitzenreiter, eine Broadway-Show aber nur Letzter.

2. Ausführung

Egal, wie einzigartig die Erfahrung ist, noch wichtiger ist, dass sie gut ausgeführt wird. Eine unserer Führungskräfte riskierte einmal alles, um in letzter Minute Karten für das Footballspiel Yale – Harvard für einen wichtigen Kunden zu bekommen. Leider waren die Sitze hinter einem Pfosten. Das war kein größeres Desaster. Der Kunde schätzte unsere Bemühungen. Aber unsere nicht hundertprozentige Ausführung machte jeglichen Nutzen daraus zunichte.

Ein andermal gab uns eine unserer Führungskräfte seine Karten für die US Open, weil der Chairman eines französischen Unternehmens, mit dem wir zu tun hatten, einen seiner Landsleute an diesem Abend unbedingt spielen sehen wollte. Wir warnten ihn, dass die Sitze näher am Himmel als am Court seien. Er sagte, das mache nichts aus. Doch natürlich machte es etwas aus. Es ärgerte ihn, so weit weg vom Spiel zu sein. Einer seiner Mitarbeiter erzählte uns später, dass es besser gewesen wäre, wir hätten gesagt, wir könnten ihm nicht helfen. Das ist die Gefahr einer falschen Ausführung. Der Chairman vergisst, dass jemand in unserem Büro ihm Karten in letzter Minute verschafft hat. Er erinnert sich nur daran, dass sie schlecht waren. Das wahre Geheimnis für wirklich gute Ausführung ist die Zugabe eines überraschenden Extrabonbons. Wenn die Lufthansa Kunden zum Grand Prix von Monaco einlädt, dann setzt sie die Gäste nicht einfach beim Hotel ab und lässt sie für das ganze Wochenende auf sich allein gestellt. Sie machen etwas Besonderes daraus. Sie heuern Jackie Stewart als ihren Gastgeber an. Jackie führt die Gäste durch die Boxen, wo die Autos vorbereitet werden. Er stellt den Gästen die Fahrer vor. Er lehrt sie, wie man ein Rennen anschauen muss. Er lädt sie in einen Kleinbus und fährt mit ihnen die Strecke ab und erklärt: »An diesem Punkt fahren sie 98 Meilen und sie müssen für diese Haarnadelkurve herunterschalten...« Diese Art von Ausführung enttäuscht die Gäste bestimmt nicht, selbst wenn der Renntag an sich eine Katastrophe ist.

3. Förderung

Das dritte Element bei der Unterhaltung der Kunden ist, wie die Bemühungen die Beziehungen fördern. Der Schlüssel dabei ist, eine Situation zu erzeugen, wo Sie tatsächlich mit der Person sprechen können.

Das geht nicht in einem Theater. Selbst wenn Sie sehr gute Sitze für eine einzigartige Show haben (das heißt, Sie haben sowohl für Einzigartigkeit als auch für die Ausführung den Spitzenplatz), ist die Wahrheit doch die, dass Sie und der Kunde nebeneinander in einem dunklen Theater sitzen und ruhig zuschauen. Was haben, abgesehen vom dramatischen Geschmack, Sie über den Kunden erfahren und er über Sie?

Eine andere übliche Praxis, die ich nicht verstehe: Karten für eine Veranstaltung zur Verfügung zu stellen, aber selbst nicht dabei zu sein. Das ist nichts Halbes und nichts Ganzes. Sie haben eine Schuld erzeugt, das Gefühl, »Ich schulde Ihnen etwas«, aber was haben Sie zur Förderung der Beziehung getan?

Wenn Sie sich mehr darum Gedanken machten, wie Sie die Beziehung fördern könnten, dann müssten Sie nicht so hart daran arbeiten, sie einzigartig zu gestalten oder sie besonders gut auszuführen.

Wir organisierten zum Beispiel einmal eine Veranstaltung zur Unterhaltung von Kunden für ein Wochenmagazin. Das Magazin lud die CEOs seiner größten Werbekunden zu einem dreitägigen Golfspiel nach Schottland ein.

Wie einzigartig ist das? Jeder kann Golf in Schottland spielen. In der Tat hatten das die meisten CEOs schon oft getan. So gäbe es auf einer Skala von 1 bis 10 für Einzigartigkeit höchstens eine 2.

Wie gut wurde das Ganze ausgeführt? Da die Führungskräfte mit schottischen Golfprofis in einer sehr eleganten Umgebung spielten, ist die Ausführung eine 8.

Bei der Förderung der Beziehung mit ihren Werbekunden konnte das Magazin aber eine glatte 10 verbuchen. Der Hauptgrund dafür ist wohl, dass sie sich selbst drei Tage zur Verfügung stellten – auf den Fairways, zum Frühstück, Mittagessen und Abendessen –, um ihren Kunden zuzuhören und mit ihnen zu sprechen. Die attraktive Umgebung und die angenehme Atmosphäre tat dem offensichtlich keinen Abbruch. Was wird nach ein paar Monaten, während man miteinander Geschäfte gemacht hat, davon in den Köpfen hängenbleiben? Nicht die beim Golf erzielten Treffer, sondern die Einsichten und Freundschaften, die sich hier gebildet haben.

Das ist der gewünschte Effekt und leicht erzielt, wenn Sie den Kunden richtig unterhalten.

Wie man Kunden zum Wiederkommen bewegt

Erfolg im Business ist so ähnlich, wie die Nummer eins im Sport zu sein. An die Spitze kommen ist schon hart genug, aber dort zu bleiben ist noch viel härter.

Das wird nirgendwo deutlicher als beim Verkaufen – dort sind Sie nur so gut, wie Ihr letzter Abschluss. Die Erfolgreichsten jedoch haben eine geheime 80/20-Regel.

Sie erkennen, dass in den meisten Unternehmen 80 Prozent der Geschäfte von 20 Prozent der Kunden kommt. Und machen es sich damit selbst leicht. Sie klopfen an alte Türen. Sie verkaufen nicht an Fremde. Sie verkaufen an ihre bestehenden Kunden, weil jemand, der einmal von Ihnen gekauft hat, geneigter ist, noch einmal von Ihnen zu kaufen.

Wenn Sie es schaffen, dass eine Person, die schon einmal von Ihnen gekauft hat, aber keinen vernünftigen Grund hat, noch einmal von Ihnen zu kaufen, es doch wieder tut, ist das wahrscheinlich eine der größten Verkaufsfähigkeiten. Hier sind sechs Möglichkeiten, wie Sie einen Erstkäufer zu einem regelmäßigen machen können:

1. Verkaufen Sie den Markt und dann das Produkt

Im Bereich des Sportmarketinggeschäfts ist unser Unternehmen so etwas wie ein Pionier und der Marktführer. So besteht ein Teil unserer Verkaufsanstrengungen immer darin, den Kunden über Sport aufzuklären. Bevor wir versuchen, ihnen unsere Sportmarketing-Marke zu verkaufen, müssen wir erst einmal erreichen, dass sie sich für Sport begeistern. Wir sind bereit, unsere Chance am Schopf zu packen, damit sie vielleicht mit uns in eine Geschäftsbeziehung treten. Die Erfahrung hat uns gelehrt, dass wenn sich ein Unternehmen erst einmal dem Sport zuwendet, wir dann mitunter ein ganz schönes Stück von ihrem geschäftlichen Kuchen abschneiden können.

Die Kunden kommen nicht wegen unserer Marktanteile auf uns zurück, sondern wegen des Marktes, in dem wir uns befinden.

2. Zuerst der Service und dann der Verkauf

In dem Moment, da sich ein Kunde in eines unserer Projekte einkauft, stehen wir vor einem Dilemma: Bedienen wir den Verkauf oder versuchen wir, während er das Scheckbuch gezückt hat, etwas anderes zu verkaufen? Die Tendenz geht bei uns dahin, all unsere Anstrengungen dahin zu richten, diesen Verkauf zu bedienen und den Nutzen für den Kunden und uns selbst zu maximieren. Es ist viel einfacher, mit einem sicheren Erfolg im Rücken zu einem Kunden zurückzugehen, als mit leeren Händen dazustehen.

3. Teilen Sie den Schatz mit Ihren Kollegen

In unserer Organisation gibt es eine Prämie für Zusammenarbeit innerhalb der Abteilungen. Das ist oft der Schlüssel für die Erzeugung von Nachfolgegeschäften. Ein Kunde, der bereits Geschäfte mit unserer Golfabteilung macht, hat vielleicht nicht das Budget oder das Bedürfnis nach weiteren Golfgeschäften. Derselbe Kunde kann aber durchaus von einem Konzept unserer Tennis- oder Wintersportabteilung fasziniert sein. Es ist mein Job als Manager, die Mitarbeiter dazu zu ermutigen, diesen Schatz mit ihren Kollegen zu teilen.

Leider ist das nicht so einfach, wie es sich anhört. Jeder von uns trägt etwas in sich, das einem Besitzanspruch auf einen Kunden oder Klienten gleichkommt. Wir wollen nicht, dass jemand unsere Beziehung zum Kunden schwächt oder gar ein besserer Freund für ihn wird, oder Mittel aus unserem Profit-Center abschöpft, oder das Verdienst für unsere Vorarbeit einheimst. Ein Kompensationssystem, das Kooperation anerkennt und belohnt, das den Schatz mit denen teilt, die teilen, wird dieses Problem normalerweise aus der Welt schaffen.

4. Benutzen Sie den Kalender

In den richtigen Händen ist ein Kalender ein Verkaufswerkzeug.

Fast jeder Kunde hat einige Daten im Kalenderjahr, an denen er gewillter oder eher in der Lage zu kaufen und folglich offener für Verkaufsanstrengungen ist. Floristen wissen zum Beispiel, dass ihre Kunden an bestimmten Feiertagen Blumen kaufen. So erinnern sie diese daran (mit Werbeanzeigen, Flugblättern und Briefen) und erhalten ihr Wiederholungsgeschäft mehrere Male im Jahr – und vor allem Jahr für Jahr.

Ein ähnliches Muster existiert beim Firmenverkauf. Steuerjahre variieren unter den Unternehmen. Aber fast jedes Unternehmen ist gewillter, zu Beginn des Steuerjahres zu kaufen, wenn die Schatullen gefüllt sind, als am Ende.

5. Denken Sie in kleinem Maßstab, um groß zu werden

Wenn es um Wiederverkäufe geht, sollte man aus mehreren zwingenden Gründen in kleinem Maßstab denken. Kleine Geschäfte sind leichter abzuschließen, leichter zu bedienen und weit weniger gefährlich für Ihren Ruf. Wenn Sie einen kleinen Abschluss in den Sand setzen, wird Ihnen der Kunde verzeihen. Bei einem großen wird er wahrscheinlich nicht noch einmal bei Ihnen kaufen.

Ich finde es hilfreich, einen Kunden als Einkommensstrom zu begreifen. Wenn Sie tropfenweise starten, entsteht der Fluss später von ganz allein.

Ich habe zum Beispiel den Ruf, mit großen Zahlen zu operieren. Aber einige meiner besten Abschlüsse waren sehr klein. Einst rief ich ein Unternehmen wegen eines kostspieligen Klientenunterhaltungskonzepts an. Wir hatten nur ein paar Minuten geredet, da war mir bereits klar, dass ihr Konzept längst nicht so grandios war, wie ich es mir vorgestellt hatte. So grenzte ich den

Vorschlag ein und schlug vor, sie sollten vier Leute nehmen und wir arrangieren den Abend für sie. Sie stimmten zu. Für mich ist das ein Erfolg. Wir haben den Fuß in der Tür, sie lernen uns kennen und können uns als geschäftliche Ressource begreifen. Wenn wir gut arbeiten, brauchen wir sie vielleicht nie mehr anrufen. Sie rufen uns an.

6. Verkaufen Sie Zuverlässigkeit nicht ohne Deckung

Egal, wie gut Sie die fünf bisherigen Punkte in den Griff bekommen, letzten Endes ist es gar nichts Ungewöhnliches, Wiederholungskunden für sich zu gewinnen. Die erfolgreichen Führungskräfte in unserer Organisation sind jene, die liefern, was sie versprochen haben und wenn sie sagen, sie liefern es zu einem bestimmten Preis, dann halten sie diesen Preis auch. Das ist eine seltene Kombination. Kunden werden alles tun, um mit solchen Leuten immer wieder Geschäfte zu machen.

Warum sagt jeder nein zu Ihnen?

In einer emotional geladenen Rede zu seinen Käufern erzählte Stanley Marcus, der legendäre Händler und Begründer der Nelman-Marcus-Einzelhandelskette diese makabre Geschichte über einen Verkäufer namens Walker, der versucht hatte, sein Sortiment an einen Käufer namens Friedland in einem Bloomingdale-Kaufhaus zu verkaufen. Herr Walker hatte Herrn Friedland 30 Jahre lang umsonst angerufen.

Eines Morgens tauchte Walker bei Bloomingdales auf und wünschte Herrn Friedland zu sprechen.

Mit Trauer in ihrer Stimme informierte ihn die Empfangsdame, dass Mr. Friedland vorige Woche verschieden sei.

Walker nahm seinen kleinen Musterkoffer und setzte sich in einen Sessel im Empfangsbereich. Fünf Minuten später ging er erneut an die Rezeption und wünschte Mr. Friedland zu sprechen.

»Es tut mir leid«, antwortete sie, »Mr. Friedland ist tot.«

Walker setzte sich wieder in seinen Sessel. Nach fünf Minuten fragte er wieder nach Mr. Friedland.

»Mr. Friedland ist tot«, sagte die Empfangsdame.

Ungefähr eine Stunde lang ging das alle fünf Minuten so weiter. Schließlich fragte die Empfangsdame ganz erregt Mr. Walker: »Was ist los mit Ihnen? Verstehen Sie nicht, dass Mr. Friedland tot ist?«

»Sicher«, antwortete Walker. »Ich höre Ihnen einfach so gerne zu.«

Marcus wollte damit seinen Käufern nur deutlich machen, dass sie nett zu ihren Verkäufern sein sollten.

Aber er hätte damit genauso deutlich machen können, dass Menschen wie Herr Walker nie erkennen, dass einige Kunden, die sie anrufen, niemals etwas bei ihnen kaufen werden.

Es gibt viele Gründe, warum jemand nein sagt. Nicht immer meint er es böse.

- Er hat nicht den Mut, eine Entscheidung zu treffen.
- Er hat nicht das Budget.
- Er hat nicht die Vollmacht.
- Er hat nicht die spontanen Einfälle.
- Ihr Vorschlag ist vielleicht nicht gut.

Was die Gründe auch immer sein mögen, Sie haben zwei Möglichkeiten zu handeln, wenn Sie an so einen Verhandlungspartner geraten. Entweder Sie meiden ihn oder Sie veranlassen ihn, Ihnen zu sagen, was Sie falsch machen.

1. Meiden Sie vermeintliche Entscheidungsbefugte

Der Mittelmanager eines großen amerikanischen Unternehmens, mit dem wir einst zu tun hatten, passt genau in dieses Schema. Jahrelang war er sehr höflich und empfänglich für unsere Ideen. Er ermutigte uns immer wieder, neue Vorschläge zu machen.

Aber er sagte nicht ein einziges Mal ja. Es kostete uns Jahre, um herauszufinden, dass er in seinem Unternehmen der so genannte »Doktor No« war.

Er ist kein wirklicher Entscheidungsträger. Er ist ein Unternehmenspförtner, er versteht es, Kunden einzuführen und ihnen ihm und seinem Unternehmen gegenüber ein gutes Gefühl zu geben, um ihnen dann hinterher schmerzlos die Tür zu zeigen. Wir haben es aufgegeben, herauszufinden, warum er keine Verpflichtungen eingehen kann.

Unsere Strategie ist es nun, ihn zu meiden. Wir sichern uns ab, dass unsere Vorschläge nie auf seinen Schreibtisch kommen. Folglich machen wir mit seinen entscheidungsfreudigeren Kollegen jetzt sehr viele Geschäfte.

2. Veranlassen Sie die Kunden, Ihnen klarzumachen, wo Sie falsch liegen

Ich lernte das vor Jahren von meinem Freund Ben Bidwell, als er General Manager bei der Lincoln-Mercury-Abteilung von Ford war.

Ben ist eine sehr entscheidungsfreudige Führungskraft, die keine Angst vor großen Summen und kühnen Verpflichtungen hat. Doch jahrelang, als wir einen Vorschlag nach dem anderen für Lincoln-Mercury machten und immer ein Nein als Antwort erhielten, war ich gar nicht so besonders überzeugt davon.

Eines Tages, entweder aus Nettigkeit oder purer Frustration, rief mich Ben in Cleveland an und sagte: »Mark, wenn Sie mit ein paar Leuten hierher in unser Büro kommen würden, könnten wir Ihnen erklären, was nötig ist, damit wir ja sagen. Das würde uns beiden für die Zukunft viel Zeit sparen.«

Das war ein unwiderstehliches Angebot.

Ich nahm zwei unserer Führungskräfte mit nach Dearborn, Michigan, wo wir im Laufe von mehreren Stunden dahingehend unterrichtet wurden, was Ford wollte, wie wir es präsentieren sollten und wem wir es zuschicken sollten.

In der Folge verpflichtete sich Ford, die World Invitational Tennis Classics zu sponsern. Wichtiger war dabei aber zu lernen, dass der Kunde es einem sagen soll, wenn man nicht genau weiß, was er eigentlich will. Es ist viel einfacher, einem Kunden zu verkaufen, was er kaufen will, als ihn von dem zu überzeugen, was man verkauft.

Lassen Sie sich durch erstklassige Kunden nicht blenden

Seit Jahren ermahne ich unsere Verkäufer, auf den Titel der Person, mit der sie reden, nicht viel zu geben. Ich erzähle ihnen, wie ich immer davon geträumt habe, mich mit der Spitze von General Motors International treffen zu können. Ich stellte mir vor: »GM ist ein riesiges Unternehmen und als großer Sportmäzen bekannt. Wenn ich nur einen Fuß in die Tür der internationalen Abteilung bekommen könnte, wäre mein Leben gemacht.«

Ich bekam schließlich das Gespräch. Und als ich mit dem Fahrstuhl das GM-Gebäude in Manhattan hochfuhr, pochte mein Herz.

Doch schon nach wenigen Minuten war mir klar, dass es buchstäblich nichts gab, was der Vorstand von GM für mich tun konnte. Er besaß sehr wenig Autorität und war eigentlich nichts weiter als ein Verkehrspolizist für Informationen zwischen den unzähligen autonomen Abteilungen von GM. Alle Fantasien, die ich über einen Massenverkauf bei GM gehabt hatte, endeten an diesem Tag in der internationalen Hauptgeschäftsstelle. Ich hatte mich durch einen beeindruckenden Titel blenden lassen.

Andererseits flog ich einst nach Japan, um über die Sponsorenschaft für ein Frauentennisturnier durch Toyota zu verhandeln. Das Gespräch fand in einem kahlen Büro mit nur zwei Stühlen und einem Tisch statt. Ich traf mich mit nur einem einzigen Mann, dessen Geschäftskarte mir sagte, dass er ein Vorstandssekretär in der PR-Abteilung war. Als ich damit begann, die Sponsorenschaft zu erklären – es handelte sich dabei um eine halbe Million Dollar für den Bonuspool –, nickte der Vorstandssekretär zustimmend mit dem Kopf. Ich muss zugeben, dieser Empfang verwirrte und beleidigte mich etwas. Ich bot ein auf viele Jahre ausgelegtes Multimillionen-Dollar-Projekt an und war sicher, dass mein Gegenüber keine Ahnung von dem hatte, was ich beschrieb und nur zu jemandem höflich war, der eine lange Reise gemacht hatte. Ich dachte auch, dass ein Projekt dieser Größenordnung zumindest einen Spitzenmanager benötigte. Ich verließ Japan ziemlich niedergeschlagen. Ein paar Wochen später informierte uns Toyota, dass es das ganze Programm kaufen würde.

Diese beiden Ereignisse lehrten mich, nie zu viel auf Titel zu geben.

Im Laufe der Jahre habe ich auch gelernt, dass es ein Fehler ist, zuviel auf die Größe und den Ruf der Unternehmen zu geben, die man anruft – das bedeutet, dass man entweder sich von einem erstklassigen Unternehmen blenden lässt oder ein kleines, gerade am Anfang stehendes Unternehmen nicht ernst nimmt.

Wir ermittelten einst, dass fast 4500 US-Unternehmen Sport und spezielle Veranstaltungssponsorenschaften als Teil ihres Marketing-Mixes verwendeten und dabei 4,3 Milliarden Dollar im Jahr ausgaben. Das ist für IMG ein großes Spielfeld. Wenn wir einen Marktanteil von 25 Prozent erreichen könnten, wären das in den USA alleine eine Milliarde Dollar Umsatz.

Wenn wir uns die 20 größten Kunden anschauen, finden wir

»die üblichen Verdächtigen«. Philip Morris führte die Tabelle mit jährlich 110 Millionen Dollar für Sportsponsoring für Marken wie Marlboro und Miller-Bier an. Anheuser-Busch, Budweiser und andere Marken folgten mit 90 Millionen, gefolgt von Coca-Cola, Kodak, General Motors, IBM, RJR Nabisco, Chrysler, Pepsico, AT&T, Dupont, McDonald's und Quaker Oats. Das alles sind riesige Unternehmen mit einem großen Appetit auf Sport. Die Top 20 stehen für 17 Prozent der gesamten Ausgaben für Sportsponsorship. Wenn Sie ein großes Sportkonzept zu verkaufen haben, wären Sie verrückt, wenn Sie diese erstklassigen Unternehmen übergehen würden.

Aber Sie wären genauso verrückt, wenn Sie die Kehrseite dieser Zahlen ignorieren würden. Wenn 17 Prozent auf diese 20 Unternehmen verteilt sind, wo sind dann die restlichen 83 Prozent? Die Unternehmen dieser Gruppe sind vielleicht schwieriger auszumachen. Sie haben nicht so großzügige Budgets. Sie sind vielleicht selektiver in ihrer Auswahl. Sie sind schwierigere Kunden. Aber sie sind es genauso wert, wenn Sie einem Unternehmen nur mit der richtigen Idee kommen.

Ich erinnere mich an das Jahr 1989, als eine unserer Führungskräfte in Cleveland, Jay Lotz, feststellte, dass ein New Yorker Unternehmen mit dem Namen Snapple eine einzigartige Reihe von natürlichen Fruchtgetränken und Tees auf den Markt brachte, die genauso frisch schmeckten wie frisch gemachter Eistee. Die Drinks wurden mehr wegen ihrer Natürlichkeit, Gesundheit und durstlöschenden Qualitäten als wegen ihres Geschmacks verkauft. So war in Lotzes Augen Snapple der perfekte Kandidat für eine Marketingkopplung mit dem Sport. Er vereinbarte ein Treffen im Hauptquartier von Snapple in Woodside Queens, nur rund 30 Minuten von unserem Manhattaner Büro entfernt.

Die Fahrt zu Snapple selbst war ein größeres Abenteuer. Als Lotz dem Weg von Manhattan nach Queens folgte, fand er sich plötzlich inmitten einer Unzahl von Lagerhäusern wieder. Je weiter er fuhr, desto schäbiger wurden die Lagerhäuser, bis er schließlich in einer Sackgasse landete. Er hielt vor einem großen Müllhaufen. In der Nähe befand sich ein weiteres Lagerhaus. Auf einem winzigen Schild an einer Tür aus dickem Industriestahl stand »Snapple Beverage Corp«. Lotz klopfte. Eine Stimme von innen rief: »Wer ist da?«

Lotz gab sich zu erkennen und kam in einen käfigartigen Empfangsbereich, der ihn eher an ein Gefängnis denn an den Empfangsraum eines Unternehmens erinnerte. Von da wurde Lotz in einen höhlenartigen Raum geführt, den sich die drei Gründer von Snapple, Hyman Goldin, Arnold Greenberg und Leonard Marsh, als Büro teilten.

Das Ambiente war nicht nur einfach karg, sondern richtiggehend chaotisch. Goldins Sekretärin missachtete alle Instruktionen, Anrufe zurückzuhalten und unterbrach mehr als ein halbes Dutzend Mal das Gespräch. Lotz war teils amüsiert, teils verwirrt durch diese ungewöhnliche Atmosphäre, zeigte es aber nicht. Er musste feststellen, dass die Telefone unentwegt klingelten. Als er ihnen dann verdeutlichte, dass sie mit einem Athleten Snapples Marketingbemühungen entscheidend nach vorne bringen könnten, bekamen die drei Geschäftsführer große Augen.

Sie interessierten sich besonders für zwei Tennisklienten. Der Preis, sagte Lotz, läge bei zirka 350 000 bis 500 000 Dollar im Jahr. Das hinge davon ab, wie viel Zeit des Klienten beansprucht würde.

Einer der Partner sagte, in Ordnung, wir zahlen 400 000 im Jahr.

Ein anderer unterbrach ihn: »Warum machst du das, du hast ihm gerade gesagt, wie viel Geld wir haben.«

Lotz war verblüfft. Diese drei Männer kämpften direkt vor seinen Augen miteinander. Ein Teil von ihm sagte, diese Leute haben auf keinen Fall dieses Geld, sie sind nicht glaubwürdig. Ein anderer Teil von ihm erinnerte sich an das ständig klingelnde Telefon (immer ein Zeichen dafür, dass das Geschäft läuft). Lotz verließ das Treffen freudig und glaubte, einen neuen Kunden entdeckt zu haben, der Geld ausgeben wollte.

Was er zu dieser Zeit nicht wusste, war die Tatsache, dass er lediglich Phase 1 des Verkaufs getätigt hatte. Er hatte Snapple die Idee verkauft, im Sport zu investieren. In Phase 2 musste er die Idee in unserem Unternehmen verkaufen – denn keiner unserer Klienten wollte Snapples Geld nehmen.

Beide Tennisklienten wiesen das Angebot zurück. Das Unternehmen war zu klein und hatte sich noch nicht bewährt.

Lotz schlug dann vor, dass Snapple das offizielle Getränk der Universal Studios in Florida würde, wo wir gerade dabei waren, Firmen-Sponsorenschaften zu verkaufen. Die Leute von Snapple mochten die Idee, aber auch Universal wollte ihr Geld nicht. Auch sie wollten nur die Blue-Chip-Unternehmen. Snapple war eine unbekannte Größe und besaß nicht das richtige Image.

Auch ein anderer Freizeitpark lehnte ab. Niemand wollte Snapples Geld haben, bis das Unternehmen größer und etablierter war.

Lotz gab nicht auf. Er bombardierte Snapple und unsere Klienten weiterhin mit Ideen, bis er auf unseren Klienten Ivan Lendl traf. Lendl trank bereits Snapple-Produkte, musste also nicht mehr überzeugt werden. Die Leute von Snapple liebten Lendls Superfit-Image. Es würde hervorragend zu der neuen Reihe von Sportgetränken passen, die sie gerade entwickelten. Sie fühlten sich zu Lendl hingezogen. Er hatte arm begonnen und sich zum Erfolg hochgearbeitet, genauso wie sie. Phase 2 endete damit, dass Lendl einen Dreijahresvertrag mit Snapple unterzeichnete.

Phase 3 ist sogar noch interessanter und wenn auch nur bezüglich dessen, was sie über Verkaufsmöglichkeiten in kleinen Unternehmen aussagt.

Snapple wurde zu einer der größten amerikanischen Unternehmenserfolgsgeschichten der 90er Jahre. 1994, fünf Jahre nach Lotzes erstem Gespräch, erreichte das Unternehmen einen Jahresumsatz von 1 Milliarde Dollar. Es besaß eine trendsetzende Werbekampagne, die ein klassischer Fall dafür wurde, wie man sich aus dem Nichts einen Namen aufbaut und ein Markenartikel wird. Ihre Aktienkurse schnellten nach oben und auf seinem Höhepunkt besaß das Unternehmen einen Marktwert von 2 Milliarden Dollar. Die drei Snapple-Partner waren jetzt wohlhabende Leute. Ihr Unternehmen war nicht länger ein winziger Anfänger. Es besaß Geld, Glaubwürdigkeit und ein wünschenswertes Image.

Zwei Dinge in dieser Entwicklung besaßen eine gewisse Ironie.

Erstens nahmen die Führungskräfte und Klienten in unserem Unternehmen Snapples Erfolg nun wahr. Plötzlich hörte Lotz, dass dieselben Klienten, die es vor ein paar Jahren noch abgelehnt hatten, für Snapple zu arbeiten, jetzt ganz begierig darauf waren und ihn aufforderten, unbedingt einen Abschluss für sie mit Snapple zu machen. Glücklicherweise hatte Lotz zu Snapple einen guten Draht aufrechterhalten und konnte dadurch mehr Geschäfte mit ihnen machen. (Das folgt einem kardinalen Verkaufsgesetz. Ihr bester Kunde ist der, der schon von Ihnen gekauft hat.)

Die zweite Ironie ist, dass Snapple 1994 für 1,3 Milliarden Dollar in bar von Quaker Oats Company, der Nummer 13 der Blue-Chip-Sportsponsoren, aufgekauft wurde. Snapple gehört nicht länger zu einem der schnell wachsenden Unternehmen. Es ist nun ein großer Teil eines unserer Blue-Chip-Geschäftskunden – und damit eine weitere Geschäftsmöglichkeit für uns.

Sie können in der Tat viel Geld verdienen, wenn Sie in Ihrer Branche an große Kunden verkaufen können. Aber glauben Sie nicht zu sehr an die Blue-Chip-Kunden und vernachlässigen Sie dabei nicht die Möglichkeiten, die die kleinen Kunden bieten. Gerade die kleinen Kunden erweisen sich irgendwann einmal als sehr dankbar.

Die sieben Sünden der Verkaufstechnik (oder was meine Kunden sauer macht)

Es gibt Millionen von Kunden und Millionen spezifische Gründe, warum sie sauer werden. Aber letztlich fallen sie alle in die folgenden sieben Sünden der Verkaufstechnik:

1. Sie liefern nicht das Produkt

Das Erste, was einen Kunden sauer werden lässt, ist eigentlich ganz offensichtlich. Sie versprechen ein bestimmtes Produkt zu einem bestimmten Preis innerhalb einer bestimmten Frist und liefern das Produkt nicht. Das ist offensichtlich, weil es in so vielen Verkaufssituationen klare, objektive Kriterien gibt, die genau sagen, was das Produkt ist. Wenn der Kunde einen Fernseher mit einem 70er Bildschirm will, können Sie ihm keinen 55er liefern.

Aber es gibt viele Abschlüsse, bei denen das Produkt nicht so klar definiert ist. Wenn wir versprechen, für einen Sponsor ein Tennisturnier zu organisieren, dann muss es ein gutes Turnier sein – im Sinne der Maßstäbe des Sponsors, nicht der unsrigen. Aber was ist eigentlich ein gutes Turnier? Das macht die Lieferung des Produkts schwieriger, als es sich anhört. Die erste Sünde ist, dass man vergisst, dass man dieses Produkt erst geliefert hat, wenn der Kunde es akzeptiert.

2. Sie liefern nicht zum vereinbarten Preis

Die zweite Sünde ist, nicht zum vereinbarten Preis zu liefern. Wenn wir versprechen, für 500 000 Dollar ein Tennisturnier zu organisieren und nach zwei Dritteln der Strecke aufgrund unvorhergesehener Umstände dem Kunden erzählen müssen, dass der ursprüngliche Preis nicht länger gilt, dann wird der Kunde sauer. Ich habe niemals einen Kunden kennen gelernt, der glücklich darüber gewesen wäre zu hören, dass sein Projekt über dem Budget liegt.

3. Sie liefern nicht rechtzeitig

Einen Liefertermin nicht einzuhalten ist die leichteste Art, einen Kunden wütend zu machen – weil diese Termine so eindeutig sind und so viele Leute darauf zählen, dass Sie rechtzeitig liefern. Denken Sie einfach daran, wie es Ihnen geht, wenn Sie warten müssen.

4. »Zwei von dreien ist in Ordnung«

Die vierte Sünde ist zu denken, es reiche, wenn bezogen auf Produkt, Preis und Termin, zwei dieser Dinge in Ordnung sind. Es reicht nicht.

5. Verkaufen und gehen

Eine andere Sache, bei der der Kunde rot sieht, ist, wenn der Verkäufer nach dem Verkauf einfach verschwindet.

In meiner Jugend besaß ich auch diese Verkauf-und-geh-Mentalität, weil ich keine Belegschaft hatte und verkaufen musste, damit das Unternehmen weiter lief. Im Verlauf der Jahre erkannte ich, dass wenn ein Kunde etwas von Ihnen kauft, er nicht nur für das Produkt zahlt. Er kauft sich in eine Beziehung zu Ihnen ein. Er will, dass Sie verfügbar sind und seine Hand halten. Er will, dass Sie ihn fragen, ob alles in Ordnung ist. Er will, dass Sie ihm Vorschläge machen, wie er aus dem Produkt oder Service, das oder den er gerade gekauft hat, noch mehr herausholen kann. Er will auch wissen, ob Sie noch weitere Ideen haben über Dinge, die er tun könnte. Er lädt Sie quasi ein, ihm noch mehr zu verkaufen. Wenn Sie das vergessen, begehen Sie vielleicht eine der größten Sünden überhaupt.

6. Die Kleinigkeiten ignorieren

Sie können hinsichtlich des Produkts, des Preises und des richtigen Timings den besten Job auf der Welt für Ihren Kunden machen, das gibt Ihnen aber nicht das Recht, die Kleinigkeiten zu ignorieren.

Zum einen, Sie können nicht voraussagen, was dieses kleine Detail sein mag. Was für Sie klein ist, kann für den Kunden sehr groß sein.

Zweitens gibt es Kunden, bei denen können Sie 99 Dinge richtig machen und eine Sache falsch und sie werden sich auf diese eine Kleinigkeit stürzen. Das ist die menschliche Natur.

Wir vertraten einst einen Golfspieler, für den wir auch objektiv gesehen hervorragende Arbeit geleistet hatten. Wir verdreifachten nicht nur sein Einkommen außerhalb des Golfplatzes, sondern kümmerten uns auch um den Verkauf seines alten Hauses und um einen Architekten für das neue. Selbst seinen Eltern halfen wir bei ihren Investitionen. Das waren Dienstleistungen, die weit über unsere normale Arbeit hinausgehen. Einmal, als er und seine Familie nach Europa in die Ferien fuhren, bat er uns, ihm ein Auto in Rom zu mieten. Aus irgendeinem Grund ging die Reservierung verloren, sodass er am Flughafen von Rom drei Stunden mit einem schreienden Baby und einer verärgerten Frau zubringen musste. Seine Frau plagte ihn mit der Frage, ob unsere Firma überhaupt irgendetwas richtig machen könnte. Dieses Missgeschick, das nicht unser Fehler war, vergiftete eine Beziehung genau in dem Moment, da sie auf ihren Höhepunkt zusteuerte.

Kunden, die schnell vergessen, sind auch schnell verärgert.

7. Wenn man nicht weiß, warum sie sauer sind

Eine weitere Sache, die Kunden sauer macht, ist die Tatsache, dass Sie nicht wissen, ob und wann sie sauer sind. Das heißt im Normalfall, dass Sie nicht so dicht am Kunden dran sind, wie Sie eigentlich sein sollten – und dass Sie sich zumindest einer der sechs bisher genannten Sünden schuldig gemacht haben.

KAPITEL 4

Wie man seine Verkaufstechniken perfektioniert

Versuchen Sie nicht, Faktoren zu kontrollieren, die jenseits Ihrer Kontrollmöglichkeiten liegen

Ich dachte eigentlich, dass die größte Frustration beim Verkaufen die wäre, mit einem Interessenten zu tun zu haben, der auf meine Anrufe nicht reagiert. Nachdem ich ein Leben lang verkauft habe, bin ich jedoch zu der Überzeugung gelangt, dass es etwas weit Sinnloseres gibt: Wenn man nämlich versucht, Elemente des Verkaufs zu kontrollieren, die außerhalb der eigenen Kontrollmöglichkeiten liegen.

In meinem speziellen Bereich des Sports brauchte ich eine gewisse Zeit, um zu begreifen, dass ich auf ganz bestimmte Faktoren wirklich keinen Einfluss hatte:

- die Qualität des Produkts,
- die Wahrnehmung der Öffentlichkeit,
- interne Einwände.

Betrachten wir den ersten Begriff, die Produktqualität. Das Produkt unseres Unternehmens sind immer die Athleten gewesen. Wir versuchen, die Besten zu vertreten, unter der Theorie, dass es leichter ist, die Dienste eines Superstars zu verkaufen als die eines Mitläufers (auch die Summen sind dabei höher). Aber letztlich bestimmt der Athlet die Qualität durch seine Leistungen auf dem und außerhalb des Spielfeldes. Wir können dem Athleten ein paar Ablenkungen seines Lebens abnehmen, können aber nicht kontrollieren, ob er die Meisterschaften gewinnt oder nicht. Egal, wie sehr wir behaupten, dass unser Klient der Beste ist, den Beweis findet der Kunde auf der Sportseite seiner Zeitung. Das steht außerhalb unserer Kontrolle.

Dasselbe gilt für die Wahrnehmung in der Öffentlichkeit. Egal, wie sehr wir darauf achten, das Image eines Klienten zu steigern, die Presse hat das letzte Wort. Das ist außerhalb unserer Kontrollmöglichkeiten.

Ähnlich steht es mit den internen Widerständen. Ich war immer in der Lage, die Einwände eines Kunden mit ihm von Angesicht zu Angesicht zu diskutieren. Aber ich konnte noch nie etwas tun bezüglich der Einwände, die kamen, wenn ich den Raum verlassen hatte, wenn der Kunde meine Ideen seinen Kollegen oder seinem Chef vorträgt. Diese Diskussion steht außerhalb meiner Kontrolle.

Wenn es so etwas wie Weisheit beim Verkaufen gibt, dann die, die Dinge laufen zu lassen, die man sowieso nicht kontrollieren kann, und sich auf die zu konzentrieren, die man kontrollieren kann. Denken Sie über folgende Punkte nach:

1. Das Tempo des Verkaufs

Verkäufer täuschen sich, wenn sie glauben, sie könnten das Timing der Entscheidung des Kunden beschleunigen. Kunden kaufen, wenn sie bereit sind zu kaufen, nicht früher und nicht später.

Aber Verkäufer können einen Aspekt des Tempos des Verkaufsprozesses kontrollieren. Sie können ihn verlangsamen.

Eine Verkaufsidee, auf die ich noch heute sehr stolz bin, umfasste ein Golfkonzept und ein japanisches Unternehmen. Es dauerte insgesamt acht Jahre, bis wir zu einem Abschluss kamen. Während dieser acht Jahre hatte es alle möglichen kleinen Ideen gegeben, die ich den Japanern in anderen Sportarten hätte verkaufen können. Aber zahllose Gespräche mit ihnen zeigten, dass sie etwas mit Golf machen wollten und wenn sie etwas taten, sollte es etwas Großes sein.

Der Verkaufsprozess dauerte acht Jahre, weil ich das Tempo bestimmte. Es gab Zeiten, da wollten sie sich tatsächlich in ein Konzept einkaufen und ich sagte: »Nein, das ist für Sie nicht das Richtige.« In den ersten sieben Jahren unserer Gunstwerbung konnte ich nicht genau sagen, was das Richtige für sie war, aber ich wusste, was nicht. Im achten Jahr hatten wir ein Konzept, das einen Sinn für sie ergab. Als wir den Abschluss machten, hatte das kaum das Aussehen eines Verkaufs. Sie waren so hungrig zu kaufen, es schien fast so, als brächten wir ihnen ein Geschenk.

Ich bin nicht sicher, ob das Ganze genauso ausgegangen wäre, wenn ich sie das Tempo hätte bestimmen lassen.

2. Der Zorn des Kunden

Ich kenne einen Verkaufsmanager, der behauptet, jeden Morgen aufzuwachen und sich zu fragen, welchen seiner Verkäufer er an diesem Tag wütend machen sollte. Er sagt: »Ich will, dass alle meine Verkäufer auf mich wütend sind, um sie damit herauszufordern, besser zu sein und ihre Quoten noch zu überbieten. Wenn sie wütend auf mich sind, übertragen sie vielleicht einen Teil dieser Wut auf ihre Kunden.«

Ich weiß nicht so recht, ob ich dieser Verkaufsmanager sein wollte, der diese ganze Feindseligkeit inspiriert, aber Zorn ist ein interessanter Faktor in der Beziehung zwischen Käufer und Verkäufer.

Tatsache ist, alle Kunden ärgern sich über irgendetwas. Sie ärgern sich vielleicht über irgendeinen Konkurrenten und warum sie nicht bei jedem Schritt mithalten können. Sie ärgern sich vielleicht über ihren Vorgesetzten oder über ihre Kollegen. Sie ärgern sich vielleicht über ihre gewöhnlichen Lieferanten. Ein Verkäufer, der den Grund für diesen Zorn herausfinden, ihn kontrollieren und besänftigen kann, kann etwas verkaufen.

Den Zorn eines Kunden zu manipulieren ist risikoreich, Sie spielen mit dem Feuer. Aber manchmal lohnt sich das Risiko. Vor einigen Jahren rief ich den CEO eines amerikanischen Unternehmens an, das eine riesige Investition im Golfsport gemacht hatte. Da ich den CEO seit Jahren kannte, konnte ich nicht glauben, dass er nicht uns für eine Maximierung dieser Investition haben wollte. Ehrlich gesagt, ärgerte ich mich ein wenig. Ich fühlte mich hintergangen.

Als ich ihn traf, konnte ich sehen, dass er sehr zufrieden, ja eingebildet war, weil ihm dieser Coup gelungen war. So entschloss ich mich, ihn mit ein paar Seitenhieben etwas zu ärgern. Ich sagte ihm, er habe bei dem Projekt viel zu viel bezahlt. Ich beschrieb, wie wir ihn hätten beraten können und was andere Unternehmen für vergleichbare Projekte ausgaben. Als ich seine verschiedenen Fehler durchging, stellte ich fest, dass sich seine Überheblichkeit langsam in Zorn verwandelte, der sich allerdings nicht gegen mich wandte, sondern gegen sich selbst und gegen die Untergebenen, die das Projekt ausgehandelt hatten.

Es war ein risikoreiches Manöver, aber als das Temperament des CEO langsam anstieg, war es relativ leicht für mich, unsere Hilfsdienste anzubieten, um den Schaden zu beheben und fast genauso leicht, ihn dazu zu bringen, dass er akzeptierte.

Bringen Sie etwas Feuer in Ihre Kundenakquisition

Wenn Sie nicht gerade in einem Business tätig sind, wo das Telefon ständig klingelt, alle Welt Ihnen die Tür einrennt, um Ihr Produkt oder Ihre Dienstleistung zu kaufen, müssen Sie Kundenakquisition betreiben, wenn Sie den nötigen Absatz erzielen wollen.

Ich kenne keinen, der das gerne tut. Es ist aufdringlich und bringt Zurückweisungen mit sich. Es laugt psychisch aus, vor allem, wenn Sie 100 Leute am Tag anrufen und 99 wollen Sie nicht mal in ihrem Büro empfangen.

Hier eine Liste von Strategien, mit denen Sie ein bisschen Feuer in Ihre Kundenakquisition bringen können.

1. Sie brauchen einen Vorwand

Sie benötigen einen Grund, warum Sie anrufen. Der muss nicht sehr tiefsinnig oder überzeugend sein, aber er muss etwas zwingender sein als zu sagen: »Ich will Ihnen etwas verkaufen.« Das ist kein Vorwand. Das ist der Subtext, das bleibt normalerweise unausgesprochen.

Einer meiner beliebtesten Vorwände, den ich seit Jahren benutze, ist, jemanden anzurufen, wenn er gerade mit einem neuen Job begonnen hat. Der Vorwand kann einfach sein, ihm zu gratulieren und ihn im Unternehmen willkommen zu heißen. Aber mir ist bewusst, dass eine neue Führungskraft in den ersten Wochen in ihrem Job erstens unbedingt einen guten Eindruck erwecken will und deshalb sehr empfänglich für Ideen von außen ist und zweitens noch nicht lange genug im Job ist, um diese Art von Anrufen satt zu haben und unempfänglich zu sein. Diese Art der Information findet sich in jeder örtlichen Zeitung oder Handelspublikation, aber es erstaunt mich, wie wenige auch danach handeln.

2. Setzen Sie bescheidene Ziele

Sehen wir den Tatsachen ins Auge. Sie werden mit einem dieser Anrufe keinen Abschluss zuwege bringen. Verkaufen funktioniert so nicht.

Sie müssen also Ihre Kriterien für den Erfolg einer solchen Kundenakquisition etwas herunterschrauben. In unserer Branche heißt das Ziel, eine Verabredung mit dem Interessenten zu bekommen, sodass wir unsere Referenzen präsentieren können. Für manche kann Erfolg schon bedeuten, an der Sekretärin des Interessenten vorbeigekommen zu sein, oder er sagt: »Senden Sie mir etwas Schriftliches.« Das ist ein erster Schritt. Aber ohne diesen gibt es keinen zweiten.

Es ist ein einfaches Gedankenspiel. Wenn Sie bescheidene, realistische Ziele für Ihre Anrufe setzen, sind Sie eher geneigt, sie als Erfolge zu bewerten, als darin nur eine Zeitverschwendung zu sehen.

3. Laden Sie sie zu etwas ein

Das mag typisch für unsere Branche sein, wo wir es mit vielen Sportveranstaltungen zu tun haben, doch jemanden zu einem Golfturnier oder Tennisspiel in seiner Stadt einzuladen, ist eine sehr gute Eröffnung für ein solches Gespräch und erhöht Ihre Chancen, den Interessenten wiederzusehen, beträchtlich.

4. Setzen Sie in der Hierarchie hoch an

Als allgemeine Regel für derlei Gespräche kann gelten, dass man möglichst weit oben in der Befehlskette ansetzt – dort soll man Ihnen dann sagen, wie Sie sich herunterarbeiten müssen –, anstatt am unteren Ende anzufangen und zu glauben, dass man es schon nach oben schaffen wird.

Meiner Erfahrung nach kann es, wenn man sich mit seinem Anruf an eine jüngere Person wendet, Monate kosten, in denen diese Person dann versucht herauszufinden, wer in der Firma die Autorität besitzt, um die entsprechende Idee zu behandeln. Eine ältere Person mag über Ihren Anruf zwar nicht sonderlich glücklich sein, weiß aber umgehend, mit wem im Unternehmen Sie sprechen müssen.

5. Suchen Sie den Entscheidungsträger mit Takt

Bei jedem dieser Anrufe wollen Sie mit dem eigentlichen Entscheidungsträger zu tun haben, aber es ist schwer zu sagen, ob Sie es tatsächlich tun. Viele denken, sie können das Problem dadurch lösen, dass sie den Interessenten offen fragen, ob er der Entscheidungsträger ist. Das Problem mit derlei Aufrichtigkeit ist, dass Sie selten eine aufrichtige Antwort erhalten. Kaum einer gibt gegenüber einem Fremden zu, dass er kein Entscheidungsträger ist. Umschreibungen wie »Spreche ich mit der richtigen Person?«, oder »Verschwende ich Ihre Zeit damit?«, sind wesentlich herzlicher, weniger eindringlich und erreichen das gewünschte Resultat.

6. Seien Sie nicht zu gerissen

Nach dem 50. Verkaufsgespräch hintereinander ist es völlig verständlich, dass Ihre Überredungskünste immer routinierter und immer glatter werden. Aber es gibt eine feine Grenze, wann man sich gut geübt oder gerissen und glatt anhört. Gut geübt bedeutet, dass Sie wissen, wovon Sie sprechen, aber es so klingen lassen können, als sagten Sie es zum ersten Mal. Glatt meint, dass Sie Ihren Text aufsagen, es nicht erwarten können, zum nächsten Anruf zu kommen, oder gelangweilt sind. Wenn es Ihnen so geht, wie wird sich dann wohl die Person am anderen Ende der Leitung fühlen?

7. Finden Sie ein freundliches Ohr

Ein Witzbold in unserer Marketinggruppe riet einst den jungen Verkäufern, es tunlichst zu vermeiden, den Marketingdirektor einer Firma anzurufen. »Die Leute im Marketing werden von solchen Anrufen und Vorschlägen überflutet«, sagte er: »Rufen

Sie lieber den Mann von der Public-Relations-Abteilung an. Er wird dafür bezahlt, zuzuhören und sich zu begeistern. Und er wird Sie in die richtige Richtung lenken.« Abgesehen vom Zynismus steckt darin eine gewisse Wahrheit. Jedes Unternehmen hat freundliche, empfängliche Mitarbeiter, die eher mit ihren Ohren als ihren Lippen zuhören. Man findet sie häufig in Abteilungen wie Öffentliche Angelegenheiten, Investitionsbeziehungen, Personal oder juristische Angelegenheiten. Sie haben vielleicht kein Budget, um Ihnen etwas abzukaufen, aber sie können feststellen, wer das Budget hat.

Fragen, die sich im Musterkoffer eines jeden Verkäufers befinden sollten

Die Dogmen des Verkaufens sind nicht wegzudenken. Sie müssen Ihr Produkt kennen, sich selbst, Ihren Kunden und im Zweifelsfalle sich auf den gesunden Menschenverstand verlassen.

Wenn Sie aber wie ich in den letzten Jahren draußen auf dem Markt verkauft haben, dann wird es auch für Sie offensichtlich sein, dass sich das Verkaufsklima verändert hat. Die Kunden sind erfahrener. Sie wissen, wann sie überredet werden sollen. Sie kennen ihre Wünsche weit besser als früher. Sie haben weit mehr Kaufoptionen und unmittelbaren Zugang zu den Daten dieser Alternativen. Sie sind schwerer zu erreichen. Und wenn Sie sie erreichen, haben sie nicht genug Zeit, um sich Ihre Geschichte anzuhören.

Hier ist eine Liste, die, wenn sie richtig angewandt wird, Ihre Verkaufserfolge in der nahen Zukunft verbessern kann.

1. Überreden Sie oder betreiben Sie Marketing?

Das meine ich, wenn ich sage, dass Kunden wissen, wann sie überredet werden.

Überreden ist der Prozess, einen Kunden davon zu überzeugen zu kaufen, weil es Ihre Bedürfnisse befriedigt, das heißt, Sie halten damit eine Vierteljahresquote ein oder laden eine teure Inventur ab oder halten sich den Chef vom Leib. Marketing bedeutet, die Bedürfnisse des Kunden herauszufinden und ihn dann davon zu überzeugen, dass Ihr Produkt oder Ihre Dienstleistung seine Bedürfnisse deckt. Raten Sie mal, welche Strategie die Kunden vorziehen!

2. Haben Sie Zeit zum Zuhören eingeplant?

Jeder Verkäufer weiß, wie wichtig es ist, dem Kunden zuzuhören. Das ist ein zeitloser Ratschlag. Aber zu wenige praktizieren ihn, weil sie nicht wissen, wie.

Die meisten Verkäufer sind so darauf aus, ihre Verkaufspräsentation zu perfektionieren und sich selbst als kenntnisreich und vertrauenswürdig darzustellen, dass sie die Bedürfnisse des Kunden vergessen, ebenfalls eine kleine Selbstdarstellung vorzunehmen. Der beste Weg, dem Kunden zuzuhören, ist, Zeit dafür zu haben und ihn einzubeziehen.

Wenn Sie sich für Ihr nächstes Verkaufsgespräch vorbereiten, machen Sie eine Feinabstimmung Ihres Vorschlags und teilen Sie Ihr Gespräch genau nach Minuten und Sekunden ein. Fragen Sie sich: Habe ich Zeit zum Zuhören? Und noch wichtiger: Habe ich erheblich mehr Zeit eingeplant, um dem anderen zuzuhören, als selbst zu sprechen?

3. Ist Ihr Vorschlag auch nicht zu lang?

Kunden lassen sich von langen Vorschlägen nicht mehr beeindrucken, sie haben auch gar nicht die Zeit, sie zu lesen. Die meisten geübten Kunden betrachten einen übertriebenen Vorschlag eher als Zeichen dafür, dass Sie nicht wissen, wovon Sie sprechen. Die besten Konzepte können in ein oder zwei Sätze gefasst werden und den Kunden auf der Stelle begeistern. Wenn Sie Ihre Vorschläge eher nach dem Gewicht denn nach ihrem Inhalt einstufen, sollten Sie sie überdenken.

4. Haben Sie den Kunden auf den Preis vorbereitet?

Bevor ein Kunde Ihren Preis akzeptieren kann, muss er darauf vorbereitet werden. Sie sollten niemals einen Preis nennen, der den des Kunden übertrifft.

Zuerst bereiten Sie den Kunden dadurch auf Ihren Preis vor, indem Sie Beispiele dafür zitieren, was andere Kunden bei einem entsprechenden Preisniveau getan haben. Wählen Sie Ihre Beispiele mit Sorgfalt und der Kunde wird seine Vorstellungen anheben, um Ihren Erwartungen entgegenzukommen.

5. Haben Sie sie kürzlich nein sagen lassen?

Kein Kunde will als leicht beeinflussbar gelten, als jemand, der zu all Ihren Vorschlägen ja sagt. Kunden haben das Bedürfnis, nein zu sagen, um ihre Würde zu bewahren und das Gefühl, alles unter Kontrolle zu haben. Also lassen Sie sie es tun.

Wenn Sie ein Konzept haben, das Sie verkaufen wollen, dann sind Sie weit besser dran, wenn Sie Ihren sehr guten Ideen ein paar schlechte vorausgehen lassen. Wenn der Kunde erst einmal die Chance hatte, Ihre dummen Ideen ausschlagen zu können, dann ist selbst der unerbittlichste Kunde darauf vorbereitet, eine gute zu akzeptieren.

6. Können Sie nein sagen, selbst wenn der Kunde ja sagt?

Verkäufer werden im Training nur selten darauf vorbereitet, ihr Produkt oder ihre Dienstleistung nicht zu verkaufen, besonders wenn der Kunde verzweifelt kaufen will. Aber wenn Sie einem Kunden ehrlich sagen können: »Ich glaube, das ist nichts für Sie, warum versuchen wir es nicht ein anderes Mal«, dann kann das reich belohnt werden. Sie haben vielleicht den Auftrag des Kunden verloren, aber Sie haben etwas sehr viel Wertvolleres gewonnen – das Vertrauen des Kunden.

7. Verkaufen Sie eins zu eins?

Aus bestimmten Gründen denken Verkäufer, dass ein Verkaufsgespräch dann an Wichtigkeit zunimmt, wenn viele Menschen daran teilnehmen. Das stimmt nicht. Es wird nur schwieriger, den Auftrag zu bekommen. Per Definition ist es leichter, eine Person zu überzeugen als zwei, zwei eher als drei und so weiter, weil jede zusätzliche Person, die Sie überzeugen müssen, irgendwelche Interessen und Ziele hat, die einer Lösung im Wege stehen.

Wenn Sie ständig Verkaufspräsentationen für ganze Ausschüsse machen, dann liegt das nur an Ihnen. Wenn Sie erst einmal die richtige Person in einem Unternehmen gefunden haben, bestehen Sie darauf, sie allein zu treffen. Wenn sie Ihr Konzept mag, wird sie einen Weg finden, es ihren Kollegen zu verkaufen.

8. Wie gut kennen Sie die Konkurrenz des Kunden?

Sie sollten die Konkurrenz des Kunden besser kennen als er selbst. Wenige Dinge im Business sind beeindruckender als ein Verkäufer, der mir nicht nur erzählt, was ich kaufen soll, sondern auch, warum und wie es mir gegenüber meinen Konkurrenten einen Wettbewerbsvorteil verschafft.

Wenn Sie Ihre Kunden überzeugen wollen, dass Sie ihr Partner und nicht nur ihr Verkäufer sind, dann tun Sie sich mit ihnen im Kampf gegen die Konkurrenz zusammen.

9. Haben Sie noch Angst davor zu versagen?

Ich verkaufe seit dreißig Jahren und vor jedem Gespräch befällt mich immer noch eine gewisse Unruhe. Die Angst, zurückgewiesen zu werden. Nichts kann motivierender sein.

Wenn Sie nicht den Anflug von Angst vor einem großen Verkauf spüren, dann investieren Sie vielleicht zu wenig von sich.

Fragen, um während des Verkaufsgesprächs immer wachsam zu bleiben

Das Dumme am Verkaufen ist, dass es ein so zerbrechlicher Prozess ist. Bis Sie das Geld in der Hand haben, kann immer eine ganze Menge schiefgehen. Die Umstände ändern sich. Der Kunde ändert seine Meinung. Sie tun etwas und verlieren damit das Vertrauen des Kunden.

Sie müssen ständig auf der Hut sein, weil der geringste Fehler einen Prozess sabotieren kann, der monatelang aufgebaut wurde.

Hier eine Liste von Fragen, die Sie in jedem Stadium des Verkaufsprozesses bei jedem Kunden stellen sollten.

1. Haben Sie vor kurzem das Blaue vom Himmel versprochen?

Etwas zu versprechen, das man nicht halten kann, ist eine häufig vorkommende Verkaufsfalle – weil man so leicht hineinfällt. In der Hitze des Gefechts, wenn Verkäufer und Kunde Ideen versprühen und sich an der Möglichkeit einer Zusammenarbeit erregen, ist es nicht ungewöhnlich für Menschen, sich zu überschätzen und das Blaue vom Himmel zu versprechen. Aber wo werden Sie sein, wenn der Liefertermin kommt und der Kunde merkt, dass Sie nicht liefern können? Sie haben einen Abschluss gemacht, aber einen Kunden verloren.

2. Können Sie der Versuchung einer sofortigen Gratifikation widerstehen?

Wir alle wollen unsere Gratifikation möglichst umgehend erhalten. Und der Verkaufsdruck verstärkt nur dieses Gefühl. Wenn ein Verkäufer einmal glaubt, er kann den Kunden verkaufen, was er will, dann dauert es auch nicht mehr lange und er glaubt, er kann ihnen verkaufen, wann er will.

Das ist ein gefährlicher Irrtum. Menschen und Ereignisse haben die Tendenz, sich in ihrer eigenen Geschwindigkeit zu bewegen und bemühen sich selten darum, mit Ihrem Zeitplan synchron zu gehen.

Ich vermute, dass mehr Abschlüsse aufgrund von Ungeduld und dem Drang nach einer sofortigen Gratifikation nicht zustande kommen als aus irgendeinem anderen Grund. Wenn Sie diesen Drang im Zaum halten und Ihr Timing so anpassen können, dass es mit dem Zeitplan des Kunden zusammenpasst, dann sieht Ihre Bilanz sehr viel positiver aus.

3. Haben Sie ihren neuen Anzug bemerkt?

Auch wenn sie es meist nicht wahrhaben wollen, mögen es die meisten Menschen, wenn man ihnen wegen einer Veränderung in ihrem Erscheinungsbild, einer schlankeren Taille, eines neuen Haarschnitts oder eines neuen Anzugs Komplimente macht. Das zeigt nicht nur, dass Sie aufmerksam sind, sondern bestätigt sie auch darin, dass die Veränderung ein kluger Schritt war.

Dasselbe gilt beim Verkaufen. Industriezweige verändern sich. Unternehmen reorganisieren sich. Kunden verändern sich. Und es ist ein sehr angenehmes Gefühl für Kunden, wenn Sie bemerken, dass deren Kaufbedürfnisse unterschiedlich sind. Es zeichnet Sie als einen sensiblen Geschäftsmann aus und erinnert die Kunden daran, warum sie zuerst bei Ihnen gekauft haben.

4. Sieht man Sie noch auf der Straße?

Eine der Gefahren für einen guten Verkäufer besteht darin, dass sein Kunde ihn nicht weiter verkaufen lässt. Wenn Sie den Abschluss erst einmal über die Bühne gebracht haben, müssen Sie ihn auch in die Praxis umsetzen. Kundendiensttätigkeiten zwingen Sie, im Büro zu bleiben, weit weg von anderen potenziellen Kunden.

Die Führungskraft eines anderen Unternehmens erzählte mir neulich: »Ich weiß immer, wo ich Jim, meinen besten Verkäufer, finde. Er ist im Büro. Er hat seinen drei größten Kunden so viel verkauft, dass die Details nun seine ganze Zeit in Anspruch nehmen. Mir wäre lieber, er wäre wieder auf der Straße und verkaufte.«

Es ist immer wichtig, sich zu fragen, ob man verkauft oder nur noch Kundendienst betreibt. Beides ist wichtig. Was aber bringt Ihnen und Ihrem Kunden mehr ein?

5. Wie gründlich ist Ihr Plan?

Ich glaube fest daran, dass man ein Verkaufsgespräch niemals verlassen sollte, ohne etwas verkauft zu haben. Wenn ich meinem Kunden nicht das Spitzenprojekt auf meinem Plan verkaufen kann, verkaufe ich ihm etwas weniger Wichtiges weiter unten auf der Liste. Zumindest haben wir unsere Zeit dann nicht ganz verschwendet. Wichtiger ist dabei jedoch, dass ich eine neue Geschäftsbeziehung begonnen habe, die zu weiteren Verkäufen führen kann.

Ich erinnere die Mitarbeiter in unserem Unternehmen ständig daran, mehr als einen Punkt auf ihrem Plan zu haben. Ich will nicht, dass sie sich nur auf eine Sache versteifen, die Antwort des Kunden bezüglich einer Sache akzeptieren und es dabei belassen. Dieser Tunnelblick, der Glaube, dass man jemanden anruft, um ihm nur das zu verkaufen, was man muss oder was die andere Seite glaubt, dass Sie verkaufen wollen, ist einer der größten Irrtümer beim Verkaufen.

6. Verkaufen Sie an Entscheidungsträger?

Manchmal ändert sich bei einem Verkaufsprozess die Natur des Deals so vollständig, dass Sie glauben, mit der falschen Person zu sprechen. Es ist ab und zu wichtig, vor allem bei einer komplizierten Transaktion, die Monate andauert, sich umzusehen und die versammelten Charaktere zu überprüfen. Vielleicht ist Ihr Kontaktmann nicht mehr der richtige Entscheidungsträger.

Wir bemerkten das kürzlich bei einem Automobilunternehmen, das ein neues Modell einführte und im Zusammenhang mit einer bedeutenden Sportart dafür werben wollte. Monatelang hatten wir einen leitenden Manager bei der Werbeagentur des Autoherstellers mit Vorschlägen bombardiert – völlig zwecklos. Doch dieser Mann ermutigte uns immer weiter.

Dann eines Tages, während wir eine andere Sache besprachen, informierte uns ein Freund bei dem Autounternehmen, dass wir mit dem falschen Mann sprachen. Sportpromotion wurde beim Autohersteller intern geregelt. Und die Führungskraft hatte einfach nicht die Kraft gehabt, uns darüber zu informieren.

Man hat mir gesagt, wir würden in Kürze einen Abschluss machen, aber ich würde besser schlafen, wenn ich wüsste, wir hätten den richtigen Entscheidungsträger gefunden und zwar allein, ohne die zufällige Hilfe eines Freundes.

Wie Sie Ihre guten Ideen überzeugender darstellen können

Es ist eine Sache, eine brillante Idee zu haben. Sie aber praktikabel zu machen, damit sie auch in Erfüllung geht, ist eine Leistung, die auf einem ganz anderen Blatt steht. Hier zwei einfache Strategien, die Ihre starken Ideen für solche Menschen noch annehmbarer werden lässt, die eher dazu geneigt sind, einer Idee zu widerstehen, als sie begeistert aufzunehmen.

1. Koppeln Sie die Idee an ein anderes Projekt

Ich glaube, so viele gute Ideen führen in die Irre, weil man die praktische Umsetzung vernachlässigt. Es ist, als ob man das Gefühl hätte, der Job bestünde nur darin, eine Idee vorzustellen – je cleverer sie ist, je blauer der Himmel, desto besser, und danach sonnt man sich dann in der Vorstellung, eine solch kühne, fruchtbare Fantasie zu besitzen. Der wahre Job, damit eine Idee akzeptiert und durchgeführt wird, ist praktisch eine spätere Überlegung.

Ich versuche, nicht diesem Egotrip zu frönen und ich kenne nicht viele erfolgreiche Kollegen, die es täten. Wer wären Sie schließlich lieber? Der Architekt, für dessen Zeichnungen man schwärmt, oder der, dessen Entwürfe gebaut werden?

Die leichteste Möglichkeit, um einer Idee etwas mehr Kraft zu verleihen, ist, sie an ein anderes Projekt mit anzukoppeln. In unserem Unternehmen bedeutet das, eine Idee so anzupassen, dass sie unsere bereits bestehenden Ressourcen bedient.

Vor einigen Monaten zum Beispiel hatte jemand in unserer Verlagsabteilung eine Idee für ein Tennislehrbuch. Die Idee kam nicht sehr weit. (Offen gesagt, war sie nicht so toll. Es gibt einen ganzen Haufen solcher Bücher.)

Aber ein paar Wochen später wurde die Idee aufgrund einer plötzlichen Wendung der Ereignisse doch noch zum Gewinner. Der Urheber schlug vor, das Buch als offizielles Trainingshandbuch eines unserer Klienten, einer größeren Tennisföderation, zu veröffentlichen.

Plötzlich ergab die Idee für alle Betroffenen einen praktischen Sinn. Die Tennisföderation war entzückt darüber, ein offizielles Buch zu haben und plante, tausende von Exemplaren zu vertreiben. Die Verleger erhöhten ihre Finanzierung, als sie sahen, wie viele Exemplare im Voraus verkauft wurden. Für uns war die Idee ein Doppelschlag. Wir hatten nicht nur eine brauchbare kommerzielle Idee gehabt, sondern auch die Beziehung zu einem Klienten gefestigt.

2. Betonen Sie das Gute mithilfe des Schlechten

Eine gute Idee sieht noch besser aus, wenn eine schlechte ihr vorangeht oder folgt.

Das soll keine Billigung schlechter Ideen sein. Aber erwägen Sie einmal die folgende Situation:

Man wird bei einem Gespräch ziemlich häufig gebeten, eine Einkaufsliste zu präsentieren. Man hat eine Liste mit 20 Ideen auf einem Stück Papier, Ideen, über die man augenscheinlich viel nachgedacht hat.

Und doch erstaunt es mich, wie wenig darauf geachtet wurde, in welcher Reihenfolge die Ideen vorzubringen sind.

Bei den meisten nimmt die Qualität der Ideen nach und nach ab. Sie beginnen mit ihrer stärksten und hören mit ihrer schwächsten auf. Das Problem ist daher, dass Sie beim großen Finale mit Ihrer schwächsten Idee kommen.

Ein Komiker hört nicht mit seinem schlechtesten Scherz auf. Sie sollten das auch nicht tun. Achten Sie auf die Reihenfolge, mit der Sie Ihre Ideen präsentieren – und geben Sie Ihren Zuhörern Zeit, das Gesagte zu verdauen.

Wenn Sie 24 Ideen haben, erwartet keiner, dass alle von derselben brillanten Qualität sind. Zügeln Sie sich. Beginnen Sie mit einer starken Idee, um das allseitige Interesse auf sich zu ziehen und Ihre Glaubwürdigkeit zu erhöhen. Machen Sie weiter mit ein paar kleinen Ideen, um danach wieder mit einer sehr guten zu kommen. Und so weiter.

Wenn Sie Ihre Gedanken sauber organisieren, werden die guten Ideen wie Diamanten leuchten und keiner wird sich um die schlechten kümmern (weil sie vergessen sind).

Was Verkäufer von einem Weinkellner lernen können

Ich bewundere immer wieder die Verkaufsqualitäten eines Weinkellners in einem Spitzenrestaurant. Häufig, besonders wenn einer von ihnen mich davon überzeugt hat, 60 Dollar für eine Flasche Wein auszugeben, obwohl ich nur 30 ausgeben wollte, bin ich überzeugt, dass die Weinkellner die vollendetsten Verkäufer der Welt sind.

Denken Sie an all die Hindernisse, die sie überwinden müssen, um etwas verkaufen zu können.

Zum einen ist eine Flasche Wein nicht unbedingt nötig, wenn

man außerhalb isst. Viele ziehen eher einen harten Drink, ein Bier oder ein Soda zu ihrem Essen vor.

Es ist auch kein impulsiver Kauf. Meist ist es eine gemeinsame Entscheidung. Man muss jeden am Tisch überzeugen, ob man nun roten oder weißen nimmt, süßen oder herben, preiswerten oder teuren.

Dann ist da die Wissenslücke, die Angst, den falschen zu kaufen. Bezüglich des Weins sind die meisten von uns ziemlich ungebildet. Wir wissen in der Tat nicht, was wir kaufen.

Das größte Hindernis ist vielleicht die Handelsspanne. Im Gegensatz zum Kauf eines Autos oder eines Anzugs oder Buches, bei dem man eine ungefähre Vorstellung davon hat, wie hoch der empfohlene Verkaufspreis des Herstellers ist, kann der Kauf einer Flasche Wein im Restaurant eine ziemlich extravagante Angelegenheit werden. Es ist eine der seltenen Erfahrungen, wo Sie sicher sein können, dass Sie zumindest das Doppelte bezahlen wie im Einzelhandel.

Wie schafft es ein Weinkellner angesichts dieses schwierigen Klimas, erfolgreich zu sein?

Indem er Zurückhaltung übt.

In Spitzenrestaurants sind Weinkellner Meister darin, das Vertrauen des Kunden zu gewinnen. Sie erkennen die Furcht des Kunden bezüglich Wein und sie beruhigen ihn, statt damit zu spielen. Wenn Sie keinen Wein wollen, versuchen sie nicht, Ihre Meinung zu ändern. Wenn Sie wollen, werden sie Sie unterrichten. Wenn Sie um eine Empfehlung bitten, kommen sie mit einem Wein, der Sinn macht, normalerweise in einer mittleren Preislage. In einem weniger skrupellosen Etablissement bedrängen sie Sie vielleicht mit einem Wein der oberen Preiskategorie.

Sie können diese Zurückhaltung auch daran feststellen, wie der Wein kredenzt wird. Sehr gute Weinkellner werden ein halbes Glas einschenken, lassen Sie kosten und ihn genießen. Dann gießen sie die andere Hälfte nach. Sie drängen Sie nicht, indem sie Ihr Glas immer wieder bis obenhin füllen, damit Sie eine neue Flasche bestellen.

Das Gleiche gilt für jeden anderen Geschäftsbereich. Der Verkäufer in einem Bekleidungsladen, der Ihnen ehrlich sagen kann: »Nein, dieser 800-Dollar-Mantel ist nichts für Sie, dieser 400-Dollar-Mantel ist viel besser«, weiß das instinktiv.

Die besten Verkäufer erkennen, dass es immer mit Zurückhaltung zu tun hat, wenn man das Vertrauen eines Kunden, und sei es auch nur während eines Gesprächs von einigen Minuten, gewinnen kann. Sie wissen, dass der Kunde bestimmte Vorbedingungen und Obergrenzen hat und sie diese Obergrenzen besser nicht infrage stellen.

Versuchen Sie es das nächste Mal, wenn der Kunde eine Transaktion vorschlägt, von der Sie wissen, dass sie falsch für ihn ist. Wenn jede Faser Ihres Wesens schreit, den einfachen Verkauf zu machen, dann sagen Sie nein. Sie müssen vielleicht auf einen schnellen Erfolg verzichten. Der Kunde geht vielleicht aus der Tür. Aber er geht mit einem guten Gefühl Ihnen gegenüber und wird definitiv zurückkommen.

Wie Sie wissen können, wann die Kaufentscheidung wirklich getroffen ist

Vor einigen Jahren, auf einem Flug von Cleveland nach Denver, saß ich neben einem gesprächigen Verkaufsleiter einer Computerdienstleistungsfirma. Im Verlauf unseres Gesprächs begann der Mann die Talente seines CEOs zu loben und wie er die Verkäufe des Unternehmens in den letzten vier Jahren jeweils verdoppelt hatte.

Ich sagte zu dem jungen Mann: »Es hört sich an, als wäre Ihr Chef ein wunderbarer Verkäufer. Ich hoffe, Sie lernen eine Menge von ihm.«

Der junge Mann korrigierte mich mit einer faszinierenden Einsicht. »Wenn Sie eine gewisse Zeit mit ihm verbringen, kommen Sie niemals auf die Idee, dass er seinen Lebensunterhalt mit Verkaufen verdient. Er ist schüchtern und ein langweiliger Sprecher. Ich bin mit ihm in Konferenzen gewesen, da hat er kaum ein Wort gesprochen. Seine geheime Waffe ist ein ungeheures Gefühl für Timing. Er erzählt einem unserer Verkäufer irgendetwas wie: »Ich denke, es ist Zeit, rufen Sie da und da noch einmal an« und unvermeidlich ergibt es sich, dass der Kunde sehr interessiert ist. Im Handumdrehen wird ein kleiner Vorschlag zu einem großen Abschluss. Wenn er eine Fähigkeit hat, dann die zu erkennen, wann jemand kaufen will. Ich bin nicht sicher, ob man das jemandem beibringen kann.«

Auch ich war mir dessen nicht sicher, aber der junge Verkaufsleiter ragte schon deshalb aus der Menge heraus, weil er erkannt hatte, dass zu wissen, wann die Kunden ihre Verkaufsentscheidung treffen, ein wichtiger Teil des Wissens darüber ist, wie man verkauft.

Im Grunde gibt es nur drei Augenblicke, wann Kunden Verkaufsentscheidungen treffen:

- bevor Sie in den Raum kommen,
- während Sie im Raum sind,
- nachdem Sie den Raum verlassen haben.

Effektive Verkäufer halten immer nach Hinweisen Ausschau, welche Kategorie gerade zutrifft – und sie wissen, wie man den Moment erwischt, statt ihn zu verpassen. Hier einige Lektionen, die ich im Laufe der Jahre gelernt habe, wann eine Kaufentscheidung getroffen ist.

1. Bevor Sie in den Raum treten

Theoretisch ist das die ideale Situation: Ein Kunde, der sich schon im Klaren ist, was er will. Er will unbedingt kaufen, was auch immer Sie verkaufen. Sie müssen nichts weiter tun, als alles zu vermeiden, was den Verkauf zunichte machen könnte. Diese Situation kommt häufiger vor, als Sie denken.

In meiner Anfangszeit rief ich einmal einen Zeitungsverlag an, um ihn für eine wöchentliche Spalte mit Golftipps zu interessieren. Der Chef war unglaublich freundlich und führte mich in sein Büro. Ich war so viel Höflichkeit gar nicht gewohnt. In jenen Tagen musste ich mir meinen Weg in Unternehmen häufig noch erkämpfen, um das Konzept des Sport-Marketing bei uninteressierten, manchmal auch feindselig eingestellten Zuhörern anzubringen. Aber dieser Chef war so höflich, dass ich geradezu sprachlos war. So ließ ich ihn sprechen.

Es wurde bald deutlich, dass er sich schon entschlossen hatte, meine Golfspalte zu kaufen, noch bevor ich bei ihm vorbeischaute. Es kam heraus, dass die Zeitung zweimal im Jahr, im Herbst und im Frühling, nach neuen speziellen Artikeln Ausschau hielt. Er hatte drei Sachen in der Hand, wollte aber unbedingt noch eine vierte haben, um sein Ressort abzudecken. Er hoffte, die vierte wäre unsere Spalte über Golf.

Ich lernte viel aus diesem Gespräch, nicht zuletzt, meinen Mund zu halten, wenn das Gegenüber sprechen will. Aber die wirklich große Lektion war das Timing. Seit vielen Jahren rufen wir die Zeitung jetzt immer vor der Herbst- und Frühjahrssaison an, wenn ihr Interesse am größten ist.

In fast jedem Bereich gibt es bestimmte Stellen im Kalenderjahr, wenn Kunden gewillter (wenn nicht gar völlig gierig) sind, etwas zu kaufen. Wenn Sie diese Zeiten herausfinden können, dann seien Sie nicht überrascht, wenn der Kunde seine Entscheidung bereits getroffen hat, noch ehe Sie den Raum betreten.

2. Während Sie im Raum sind

Das ist der raffinierteste Kauf, weil viele Verkäufer so vertieft in ihre Überredungskünste sind, dass sie gar nicht merken, wenn sie funktioniert haben. Wenn nicht der Kunde »Halt!« sagt, »wo kann ich unterschreiben?«, reden sie ständig weiter.

Eine Führungskraft bei einer Zuliefererfirma erklärte mir einst, wie leicht das passieren kann. Ein Verkäufer für die Gelben Seiten des Telefonbuchs versuchte, ihn zu überzeugen, bei ihm zu inserieren.

»Er hielt mich zunächst für einen zugeknöpften Geschäftsmann. Er hatte einen kompletten Überblick über unsere Ausgaben in den Gelben Seiten. Er hatte die Seite in der letzten Ausgabe markiert, wo wir inseriert hatten. Er wollte wissen, warum wir nicht mehr weitermachen wollten.

Ich meinte, es gäbe eine Reihe von Gründen. Bevor ich sie aber aufzählen konnte, unterbrach er mich. ›Ich kann Ihnen fünf Gründe nennen‹, sagte er. ›Erstens, Sie sind seit 35 Jahren im Geschäft, man kennt Sie bereits. Zweitens haben Sie eine Verkaufsmannschaft und neue Kunden zu erreichen ist deren Job. Drittens erreichen die Gelben Seiten nur ermüdende Kunden, die viele Stunden in Anspruch nehmen und dann nur für 100 Dollar kaufen. Viertens ...‹

Ich glaubte, meinen Ohren nicht zu trauen. Ich begann mit zwei Gründen, warum ich nicht kaufte und er gab mir drei weitere, an die ich nie gedacht hätte.

Dann öffnete er das Branchenbuch und zeigte mir, wo meine Anzeige erscheinen sollte. Ich schaute mir die Seite an und am linken unteren Rand bemerkte ich die kleine Anzeige einer obskuren Marke für Ausrüstungsgüter, die ich, der Zufall will es, seit Wochen ausfindig zu machen versuchte. Für mich war das eine geradezu unglaubliche Fügung des Schicksals und ich sagte das dem Verkäufer. Wenn es noch irgendeines Beweises bedurft hätte, dass die Gelben Seiten ihre Berechtigung hatten, hatte ich ihn jetzt.

Ich war so froh, ich glaube, wenn er sein Auftragsbuch herausgezogen hätte und mich gebeten hätte zu kaufen, ich hätte es auf der Stelle getan. Aber er fragte nie nach.«

Einen Kunden schon beim ersten Gespräch so zu überzeugen, dass er kauft, ist nicht gerade üblich. Wenn es passiert, lassen Sie diesen Moment nicht verstreichen.

3. Nachdem Sie den Raum verlassen haben

So werden die meisten Kaufentscheidungen getroffen: nachdem Sie gegangen sind und der Kunde Zeit gehabt hat, nachzudenken oder seinen Chef oder Kollegen zu konsultieren. Gut daran ist, dass der Kunde normalerweise sagt, er werde sich sehr bald entscheiden (»Rufen Sie mich in zwei Wochen wieder an, bis dahin haben wir Zeit, Ihren Vorschlag zu prüfen«). Die schlechte Seite ist, dass Sie nicht wissen, welche unvorhergesehenen Kräfte diese Kaufentscheidung, während Sie warten, für oder gegen Sie beeinflussen.

Ich glaube nicht, dass die Kunden die ganze Zeit zwischen dem ursprünglichen Gespräch und dem Rückruf benötigen, um sich zu entscheiden. Abgesehen vom üblichen Folgebrief (»Danke für das Gespräch, wenn ich noch etwas für Sie tun kann, lassen Sie es mich wissen ... «) gehen die meisten zu anderen Dingen über.

Meine Strategie ist schon immer gewesen, alles zu tun, um den Interessenten zu beeindrucken. Wenn er mir sagt, er ruft in einer Woche zurück, würde ich um eine spezielle Zeit bitten, die ihm am besten passt und rufe genau dann an. Wenn schon nichts anderes, so sagt das etwas über meine Genauigkeit aus. Ich würde dem Interessenten auch weiteres Informationsmaterial zusenden, um damit unseren Vorschlag zu erweitern, alles, was das Konzept in seiner Erinnerung belässt. Ich würde, und das ist sehr wichtig, sehr hart daran arbeiten, die unsichtbaren Kräfte zu identifizieren, die die Entscheidung beeinflussen können und ihnen meinen Standpunkt mitteilen.

Eine unserer Führungskräfte traf sich kürzlich mit dem CEO einer Getränkefirma. Es ging dabei um ein Konzept für Sportsponsoring. Der CEO mochte das Konzept und rief den stellvertretenden Vorsitzenden der Marketingabteilung herein, um eine zweite Meinung zu hören (manchmal ein gutes Zeichen, aber nicht immer). Dieser hörte unserem Mann zu, während der seine Vorstellung wiederholte, stellte ein paar Fragen, ging dann hinaus und sagte dabei: »Ich glaube, ich habe genug gehört. Ich denke, ich verstehe, was Sie vorschlagen.«

Das Gespräch endete ein paar Minuten später und der CEO schlug vor, wir sollten in etwa zehn Tagen zurückrufen. Als unser Mann zehn Tage später anrief, sagte der CEO: »Wir sind uns noch nicht klar, manche mögen die Idee, andere sind nicht sicher, ob sie es verstehen.«

Unser Mann nahm an, dass der CEO ohne die Zustimmung seines stellvertretenden Marketingleiters kein grünes Licht geben würde und forschte nach, wer in diesem Unternehmen unentschlossen war.

Der CEO war ziemlich zurückhaltend. »Sie haben einen getroffen, als Sie hier waren«, sagte er.

»Würde es etwas helfen, wenn ich mich mit ihm treffe?«, fragte unser Mitarbeiter.

»Es kann auf alle Fälle nicht schaden«, antwortete der CEO.

Mit dem Segen des CEO vereinbarte er ein Treffen mit dem Marketingexperten, klärte viele Fragen und schloss den Deal ab.

Ich bin mir nicht sicher, ob wir dasselbe Resultat erreicht hätten, wenn unser Mann nicht berücksichtigt hätte, dass der Prozess, der zur Kaufentscheidung führt, sich fortsetzt, sobald er den Raum verlassen hat.

Drei gute Gründe, um vom Drehbuch abzuweichen

Was einen guten Quarterback im Football ausmacht, ist seine Fähigkeit, einen Schlachtplan kurzfristig umzuwerfen und einen neuen zu beschließen. Normalerweise ruft der Quarterback bei einem Huddle zum nächsten Offensivspiel auf. Aber wenn er sich über dem Center aufstellt und eine Abwehr sieht, die perfekt aufgebaut ist, um den Angriff zu stoppen, dann kann er seinen Schlachtplan auch kurzfristig umwerfen und einen neuen ausrufen. Dort an der Anspiellinie, wo man nur ein paar Sekunden hat, um den Ball zu schnappen, ruft er seinen Mitspielern einen neuen Spielzug zu, der eine bessere Chance hat. Wenn es der Verteidigung gelingt, den ursprünglichen Angriffsversuch an der Mitte zu stoppen, kann er mit einem schnellen Pass zu einem weiter entfernt stehenden Empfänger einen neuen Versuch starten.

Solche »Audibles« sind ein wichtiger Teil des Footballspiels und machen oft den Unterschied zwischen Sieg und Niederlage aus. Ein Quarterback benötigt Instinkt und Selbstvertrauen, um seinen Schlachtplan kurzfristig zu ändern.

Ich wünschte, mehr Menschen hätten diesen Instinkt, wenn es darum geht, Geschäftsbesprechungen zu führen. Einer der Hauptgründe, warum sich so viele über Konferenzen beklagen, ist, dass deren Leiter häufig Gefangene ihres Plans sind. Man kann niemandem einen Vorwurf daraus machen, dass er sich für eine Konferenz oder ein Verkaufsgespräch vorbereitet und einen detaillierten Plan für alle Punkte besitzt, die er besprechen will. Aber es ist gefährlich, die Umstände des Gesprächs selbst, die Beteiligten, die Stimmung, das Timing zu ignorieren, nur um dem Plan treu zu bleiben. An dieser Stelle ist es oft am klügsten, die Taktik kurzentschlossen zu ändern.

Natürlich müssen Sie die Umstände erkennen, die dagegen arbeiten, bevor Sie Ihren sorgfältig vorbereiteten Plan aufgeben. Wann immer ich zu einem Gespräch gehe, schaue ich nach Anhaltspunkten, die mir sagen, ob meine Vorgaben funktionieren oder ob ich meinen Plan ändern muss.

1. Hinweis: Zu viele Beteiligte

Normalerweise weiß ich, wie viele Beteiligte bei einer Konferenz dabei sein sollten und wann die Zahl zu groß ist, um produktiv sein zu können. Bei einem Verkaufsgespräch ist zwei meine Idealzahl (der Kunde und ich), weil ich am besten eins zu eins verkaufen kann. Wenn die Größe des Treffens für mich unüberschaubar wird, komme ich mit meinem Plan nicht durch. Deshalb versuche ich, die Zahl der Beteiligten zu verringern.

Ich lernte das vor Jahren, als ich ein Treffen mit dem Leiter einer Fernsehgesellschaft arrangierte, das privat sein sollte. Als ich hinkam, wurde ich von ihm und einem halben Dutzend seiner Untergebenen begrüßt. Ich glaubte, das sei kein Problem, aber nach ein paar Minuten war deutlich, dass die Untergebenen so eifrig dabei waren, ihren Vorgesetzten mit Kommentaren, die nur den eigenen Interessen dienten, zu beeindrucken, dass nichts Substanzielles dabei herauskommen konnte. Ich gab das Verkaufsgespräch auf und machte einen schnellen, aber charmanten Rückzug. Am nächsten Tag rief ich den Chef des Senders an und schlug ihm ein Gespräch unter vier Augen vor. Er lachte, entschuldigte sich für seine unbändigen Mitarbeiter und stimmte zu. Er war Experte für die Dynamik solcher Konferenzen und wusste genau, was ich wollte.

Wenn zu viele Menschen an Ihrer Konferenz teilnehmen, dürfen Sie keinen Affen aus sich machen und glauben, die Menge zähmen zu können. Besser, Sie warten auf einen anderen Tag, wenn die Menge verschwunden ist und Ihre Stimme besser gehört werden kann.

2. Hinweis: Keiner ist vorbereitet

Ich erinnere mich an einen Collegeprofessor, der seine Klasse einfach entließ, wenn er feststellte, dass sich niemand vorbereitet hatte. Er tadelte uns nicht, noch hielt er eine Strafpredigt. Aber in seiner eigenen milden Art beschämte er uns für unsere mangelnde Vorbereitung. Die Botschaft war klar: Er wollte seine vorbereitete Stunde nicht an Schüler vergeuden, die sie nicht zu schätzen wussten. Ich zweifle daran, dass jemals wieder einer von uns unvorbereitet in die Klasse kam.

Dieselbe Taktik funktioniert auch bei einem Geschäftsgespräch. Wenn die Teilnehmer ihre Hausaufgaben nicht gemacht haben, glauben Sie bloß nicht, Sie könnten Ihren Plan mit Gewalt durchziehen. Sie machen einen nachhaltigeren Eindruck, wenn Sie das Treffen beenden und den Anwesenden mitteilen, dass sie die verbleibende Zeit dazu nutzen sollten, sich vorzubereiten.

Diese dramatische Geste ist etwas schwieriger bei Kunden durchzuziehen. Wie die meisten habe ich Verkaufsgespräche mit Interessenten geführt, die keine Ahnung hatten, wer ich war und sicherlich auch keine der sorgfältig vorbereiteten Materialien gelesen hatten, die ich vorher zugeschickt hatte. Es wäre schön, wenn man angesichts eines solchen Verhaltens einfach gehen könnte. Aber wo bestimmte Menschen eine Beleidigung sehen, sehe ich eine Chance. Die Unwissenheit des Interessenten ist ein Ansatz, um ihn zu erziehen. Statt an der rüden Behandlung Anstoß zu nehmen, werde ich ganz versöhnlich. Ich beginne mit ihnen ganz von vorn und erzähle ihnen alles über mich und was unsere Firma tun kann. Die Kunden sind von dieser Taktik normalerweise so überrascht, dass ich häufig länger bei ihnen bin als ursprünglich geplant und viele kaufen uns schließlich sogar etwas ab.

3. Hinweis: Nicht genug Zeit

Einer unserer leitenden Manager konkurrierte kürzlich mit drei anderen Firmen um einen Großauftrag für einen großen Hersteller von Verpackungsgütern. Die Entscheidung sollte nach einer eintägigen Marathonsitzung fallen, bei der jede Firma eine zweistündige Präsentation für die Topmanager der Marketingabteilung des Unternehmens machte. Wir waren als Letzte dran.

Als unser Mann an der Reihe war, waren wir schon eine Stunde hinter dem Zeitplan. Er war gut vorbereitet und hatte seine Präsentation mit Kommentaren versehen, die zeigten, dass er alles über die Firma und ihr Topmanagement wusste. Aber es brauchte nur ein paar Minuten, um zu sehen, dass der Hauptentscheidungsträger im Raum in Eile war. Das wurde deutlich, als er den üblichen Small-Talk, der diese Sitzungen eröffnet, unterbrach und die Teilnehmer aufforderte, mit der Sitzung weiterzumachen.

So änderte unser Mann kurzfristig seinen Schlachtplan. Er gab das vorbereitete Manuskript auf und sagte: »Ich hatte mich darauf vorbereitet, eine Stunde über unsere Referenzen zu reden. Aber Sie wissen, wer wir sind und was wir tun können. Also spare ich uns allen Zeit und gebe Ihnen unsere beste Idee. Wenn Sie danach noch mehr darüber wissen wollen, bin ich gerne bereit, noch länger zu bleiben.«

Das war mutig. Aber einen ungeduldigen Interessenten mit einem vorbereiteten zweistündigen Drehbuch zu langweilen war risikoreicher. (Glücklicherweise mochten sie unsere beste Idee und machten mit uns das Geschäft.)

Wenn Sie mehr Zeit benötigen, um Ihren Fall zu präsentieren, als der Interessent geben kann, dann werden Sie ihn nicht dadurch beeindrucken, dass Sie sich auf Routine festlegen. Sie bleiben bloß länger, als Sie willkommen sind. Sie machen mehr Eindruck, wenn Sie es schaffen, sich in der Zeit zu äußern, die Ihnen gegeben ist. Und es ist noch beeindruckender, wenn Sie Ihre Vorstellung in noch kürzerer Zeit machen können als vom Interessenten vorgegeben. Wenn Sie den Menschen Zeit schenken (und sie wissen lassen, warum Sie es tun), dann sind diese bestimmt nie böse auf Sie.

Wie man sich gut informiert

1991 hatte ich ein sehr freimütiges Gespräch mit mehreren Abteilungsleitern von Chrysler Motors. Automobilunternehmen haben normalerweise große Sponsorenschaften in verschiedenen Sportarten und unser Unternehmen hat eine Reihe von

Projekten mit den verschiedenen Abteilungen von Chrysler am Laufen. So bat ich um ein Treffen, um zu sehen, wie die Aktien stehen.

Was dabei herauskam, war nicht gerade vorteilhaft für uns.

Sie gingen eine ganze Litanei von Klagen über uns durch – alles, angefangen von Geschichten über einen unserer Klienten, der das Sportprogramm herabsetzte, das sie sponserten, bis zur Verkauf-und-verschwinde-Mentalität einer unserer Abteilungen. Sie beschrieben in allen Einzelheiten, wie erreichbar unsere Manager gewesen waren, als es darum ging, ein Konzept zu verkaufen und wie unerreichbar sie gewesen waren, als es um die Umsetzung des Konzepts ging.

Sie machten sich auf meine Kosten lustig über all die Verkaufsvorschläge, die unsere Verkäufer ihnen in den letzten zwölf Monaten zugeschickt hatten, weil nicht einer ihrem primären Ziel entsprach, eine zeitliche Übereinstimmung zwischen dem Sportsponsoring und den neuen Produkten, die sie 1992 und 1993 auf den Markt bringen wollten, herzustellen. »Mark«, sagten sie, »Ihre Leute haben keine Ahnung, wie sie uns etwas verkaufen müssen.«

Fairerweise gab es auch ein paar nette Dinge, die sie über andere Abteilungen unserer Firma sagten. Aber ich ging aus dieser Konferenz und war ziemlich gekränkt.

Doch es war ein bemerkenswertes Gespräch, denn ich erhielt Informationen, die ich brauchte und die die Kunden selten zu geben bereit sind. Was kann besser sein als ein Kunde, der ehrlich mit Ihnen umgeht?

Leider ist das nicht üblich. Kunden sind normalerweise sehr vorsichtig, wenn es darum geht, dem Verkäufer irgendwelche Informationen zu geben, weil sie vielleicht glauben, dass der Verkäufer dies als Verhandlungswaffe gegen sie benutzen wird.

Mein Ideal ist, dass alle Kunden so geradeaus und entgegenkommend wären wie die Manager von Chrysler. Sie sagten mir nicht nur, was ich richtig oder falsch mache, sondern sie verdeutlichten mir auch all ihre Kaufwünsche. Sie lehrten mich, wie man an sie verkaufen sollte. Die folgenden Strategien können dazu beitragen, diesen Idealzustand zu erreichen.

1. Offenheit erzeugt Offenheit

Jeder Dialog hat etwas von Mimikry an sich. Wenn ich ein Gespräch mit sanftem höflichen Ton beginne, dann bestehen gute Chancen, dass die andere Seite das aufnimmt und ebenfalls sanft und höflich ist. Ähnlich, wenn ich laut und auf Konfrontation aus bin, dann wird die andere Seite wahrscheinlich auch aggressiv.

Wenn Sie also die völlige Offenheit eines Kunden erreichen wollen, sollten Sie auch sich selbst gegenüber völlig offen sein. Ziemlich häufig bin ich in das Büro eines Kunden mit der speziellen Absicht gegangen, so sehr auf Konfrontation aus zu sein, wie es der Anstand erlaubt. Ich will damit den Kunden nicht beleidigen. Es ist einfach die einzige Möglichkeit, ihn aus seiner Reserve zu locken.

Zum Beispiel rief ich einst einen sehr guten Kunden an, der mit einem unserer Konkurrenten Geschäfte machte. Es ist durchaus in Ordnung, dass Kunden bei anderen kaufen. Das ist ihr gutes Recht. Aber es ärgerte mich. Ich wollte wissen, was wir falsch gemacht hatten und ihn dazu gebracht hatte, sich einem anderen zuzuwenden.

Ich hätte ihn höflich fragen können, aber er hätte wahrscheinlich eine höfliche, bedeutungslose Antwort gegeben. Stattdessen war ich offen. Ich sagte ihm, er habe in einer der Transaktionen viel zu viel bezahlt und dass wir ihn niemals dazu aufgefordert hätten, solchen Bedingungen zuzustimmen, wie sie ihm unser Konkurrent aufgezwungen hatte. Mit vielen Worten klagte ich ihn an, ein Amateur zu sein. Meine verbale Attacke hatte den gewünschten Effekt. Er gab nicht nach. Er verteidigte seine Entscheidung Punkt für Punkt mit der gleichen Offenheit und erzählte mir dabei die langfristigen Ziele, Marketingstrategien und die entscheidenden Punkte, die seine Leute dazu veranlassen würden zu kaufen.

Ich nehme an, er dachte, er würde mich abkanzeln. In Wirklichkeit gab er mir alles, um Bescheid zu wissen.

2. Die Menschen lieben es, über sich selbst zu sprechen. Lassen Sie sie

Um Informationen zu erhalten, muss man allerdings normalerweise nicht eine solch gezielte Feindseligkeit an den Tag legen. Häufiger funktioniert eine höfliche Taktik, wenn man bereit ist, zuzuhören. (Bitte beachten Sie: Das ist das vierte Mal, dass ich die Bedeutung des Zuhörens erwähne. Ich kann es gar nicht oft genug erwähnen.)

Ich kenne Manager, die vor einem Verkaufsgespräch buchstäblich zwei Minuten eines Treffens einplanen, um über ihr Unternehmen zu sprechen, und 20 Minuten für den Kunden, um über seines zu sprechen. Diese Taktik führt zu keiner sehr ausgewogenen Diskussion. Aber das scheinen nur wenige Kunden zu bemerken.

Die meisten können es gar nicht abwarten, um Ihnen zu zeigen, wie gut sie arbeiten. Lassen Sie sie nicht warten.

3. Geben Sie etwas zurück

Informationen zu erhalten ist keine Einbahnstraße. An irgendeinem Punkt wird selbst der argloseste und gesprächigste Kunde merken, dass er zu viel hergibt. Um gut informiert zu sein, müssen auch Sie die andere Seite informieren.

Im Idealfall sollte sich Ihre Information vertraulich anhören, auch wenn sie es gar nicht ist. Ich gehe häufig in eine Verhandlung, bewaffnet mit ein paar Bulletins, die mich nichts kosten – denn, wie jeder andere auch, habe ich bestimmte Eigeninformationen, die ich für selbstverständlich erachte, die aber die andere Seite unbedingt wissen will. Wenn ich meine Geheimnisse mitgeteilt habe, ist es ziemlich schwierig für sie, die ihren für sich zu behalten.

4. Testen Sie Ihre Quellen

So wichtig Informationen auch sind, sie sind bedeutungslos, wenn Sie ihre Zuverlässigkeit nicht bestimmen können. Manche erzählen Ihnen, ob beabsichtigt oder nicht, einfach etwas Falsches.

Ich teste gerne die Quelle einer Information ziemlich früh an, indem ich Fragen stelle, auf die ich die Antwort schon weiß. Das ist nicht narrensicher, aber wenn die andere Seite falsch liegt, habe ich zumindest jemanden identifiziert, der entweder meine Zeit stiehlt oder aber, mehr als er weiß, meine Hilfe benötigt.

Ich wiederhole auch gerne Fragen bei Folgetreffen. Die entstehenden Widersprüche sagen viel über die Zuverlässigkeit der Person aus, die antwortet.

KAPITEL 5

Den Verkaufsstil für sich arbeiten lassen

Ein CEO beschrieb einst den Verkaufsstil einer seiner besten Verkäufer. Er nennt den Stil dieses Verkäufers »Columbo« nach der amerikanischen Krimiserie mit Peter Falk, dessen zerknitterter Regenmantel und wuselige und wirrköpfige Untersuchungsmethoden einen schlauen Kopf verbergen, der den Verbrecher immer überführt und den Fall abschließt. Laut CEO arbeitet dieser Spitzenverkäufer wie Columbo und ist dabei fast genauso erfolgreich.

»Sie hätten es sehen sollen, als ich das Bewerbungsgespräch mit ihm führte«, erzählte mir der CEO. »Der erste Eindruck war schrecklich. Seine Krawatte hing schief. Er war nervös und verschwitzt. Er fiel in den Sessel, fummelte an seiner Brieftasche herum und fiel fast über meine Tischlampe. Es war komisch.

Aber es war gleichzeitig etwas Faszinierendes an ihm. Hin und wieder, während unseres Gesprächs, wenn ich gerade dabei war, ihn abzuschreiben, kam er mit einer interessanten Einsicht oder stellte plötzlich eine harte Frage, die ich vorher noch nie gehört hatte. Es war mehr an ihm als das, was ich sah.

Ich bat meinen Finanzexperten, sich mit ihm zu unterhalten und der hatte denselben Eindruck. Das Äußere dieses Kerls schien unorthodox zu sein, aber er erregte unsere Aufmerksamkeit und ließ uns nachdenken. Schließlich stellten wir ihn ein.«

Laut CEO verkauft dieser »Columbo« auf dieselbe Art, wie er sich um den Job bewarb. Interessenten schauen ihn einmal an, wenn er in ihr Büro kommt und unterschätzen ihn sofort. Wenn er dann aber sitzt und ihnen zuhört, eindringliche Fragen stellt und mit Ideen kommt, die sie in Erwägung ziehen sollen, dann beginnen sie, ihre Meinung über ihn zu revidieren. Wenn das Gespräch zu Ende ist, hat er sie häufig völlig überzeugt. Sie mögen und respektieren ihn jetzt sogar. In diesem Zustand sind sie dann auch bereit und willig, von ihm zu kaufen. Dann schlägt er zu.

Einige seiner besten Abschlüsse macht er, wenn das Gespräch eigentlich schon zu Ende ist und er gerade dabei ist, aus der Tür des Interessenten zu gehen. Dann, als ob ihn ein plötzlicher Geistesblitz träfe, dreht er sich um und sagt: »Noch eine andere Sache. Mir fällt gerade ein, dass wir ein neues Produkt haben, das genau zu dem passt, was Sie über ... gesagt haben.«

Natürlich funktioniert das nicht bei jedem. Wenige von uns können einen geistesabwesenden Professor aushalten und noch weniger können seine Art zu ihrem Vorteil ausnutzen.

Ich denke, jeder Verkäufer hat, zu seinem Vor- oder Nachteil, seinen individuellen Verkaufsstil. Die erfolgreichsten Verkäufer sind jene, die sich ihres Stils bewusst sind. Sie haben gezielt einen Modus operandi entwickelt und perfektioniert, der zu ihrer Persönlichkeit passt und mit dem Produkt oder der Dienstleistung, die sie verkaufen, nicht im Konflikt steht. Sie wissen genau, was sie tun.

Wissen Sie es?

Hier sind fünf Verkaufsstile, die Sie verwenden können (oder schon verwenden):

1. Die Aufziehpuppe

Das Verkaufsgeheimnis einiger Menschen besteht einfach darin, ein größeres Terrain abzudecken als andere. Wie eine Aufziehpuppe sind sie in ständiger Bewegung. Sie treffen so viele Interessenten, wie die Zeit erlaubt, unter der Annahme, dass, wenn man einen Koffer voller Pfeile auf die Zielscheibe wirft, die Chance größer wird, einen Treffer zu landen. Das ist zunächst durchaus in Ordnung. Manchmal werden Sie in einer Verkaufssituation sein, wo Ihr Produkt oder Ihre Dienstleistung nicht bemerkenswert anders oder besser ist als das bzw. die des Konkurrenten. Dann funktioniert dieser Verkaufsstil am besten. Was Sie von der großen Masse unterscheidet, ist Ihre Energie und Ihre Begeisterung. Wenn Sie die Konkurrenz nicht anders ausstechen können, warum dann nicht so?

2. Das menschliche Bollwerk

In den siebziger Jahren war der Tennisspieler Harold Solomon bekannt als das »menschliche Bollwerk«, weil er fähig und bereit war, stundenlang auf der Grundlinie stehen zu bleiben und buchstäblich jeden Schlag seines Gegners zurückzuschlagen. Das war Solomons bewusst gewählter Stil. Er wusste das und ziemlich häufig gelang es ihm, talentiertere Spieler zu besiegen, einfach weil er den Ball im Spiel behielt und darauf wartete, dass sie einen Fehler machten. Dieser Ausdauertest war nicht immer hübsch anzusehen, machte aber Solomon weit erfolgreicher, als viele vorausgesagt hätten.

Wie Solomon sind manche Verkäufer menschliche Bollwerke. Sie schlucken praktisch jeden Schlag, alles Negative, jede Zurückweisung und münzen es zu ihrem Vorteil um. Sie wissen, dass es häufig wichtiger ist, im Spiel zu bleiben, als den Super-Gewinnschlag zu platzieren.

Vor ein paar Jahren rief einer der kreativsten Verkäufer, die ich kenne, ein großes Unternehmen der Telekommunikation an, um dessen Interesse für Sportsponsoring zu wecken. Das Gespräch fing nicht gut an. Nachdem der Marketingchef des Unternehmens das Angebot des Verkäufers gehört hatte, überzog er ihn mit einer scharfen Kritik.

»Ich habe viel über Ihr Unternehmen gehört, dass Sie zu teuer und schlecht informiert sind«, sagte er, »und alles, was Sie bis jetzt gesagt haben, bestätigt das. Ihre Bemerkungen haben mir gezeigt, dass Sie keine Ahnung haben, worum es bei unserem Unternehmen überhaupt geht, welches unsere Marketingziele sind, wer unsere Kunden sind und wie unsere Mitarbeiter operieren ...«

Der Verkäufer musste diese Schimpftirade noch mehrere Minuten über sich ergehen lassen. Als der Marketingleiter aufhörte, stand der Verkäufer auf, schlug mit der Faust auf den Tisch und sagte: »Genau darüber spreche ich. Wir wissen nicht, was Sie wollen. Warum erzählen Sie es uns nicht?«

Mit anderen Worten, er war ein menschliches Bollwerk. Er gab den Schlag einfach zurück.

Der Marketingleiter hatte diese Antwort nicht erwartet. Er war so verdutzt, dass er genau tat, was ihm geheißen wurde. Er forderte den Verkäufer auf, sich zu setzen und verbrachte die nächsten zwei Stunden damit, ihm zu erzählen, wie man seiner Firma etwas verkaufen könne.

3. Die Stimme

Ich werde nie den Moment vergessen, als ich die Stimme des amerikanischen Rundfunksprechers Walter Cronkite zum ersten Mal hörte. Sie war so tief und widerhallend und verführerisch, dass sie fast überschattete, was er zu sagen hatte. Es war ein reines Vergnügen, ihn zu hören (auch ihm zuzuhören) und erklärte auch, warum Cronkite so lange an der Spitze als Anchorman der CBS-Nachrichtensendung geblieben war. Ohne seine beträchtlichen journalistischen Fähigkeiten zu verunglimpfen, kann man ruhig sagen, dass Cronkites Stimme ein integraler Bestandteil seiner Fähigkeit war, die Nachrichten an Amerika zu verkaufen. Und ich gehe davon aus, er wusste das.

Nicht jeder Verkäufer ist mit einer solchen Stimme gesegnet. Aber einige der effektivsten Verkäufer, die ich kenne, sind Menschen, die jede gewünschte Stimmung dadurch erzeugen können, dass sie ihrer Stimme eine andere Färbung verleihen, sie verändern oder modulieren.

Es gibt nicht viele Menschen, die wissen oder sich klar darüber sind, dass man die enorme Farbenvielfalt der menschlichen Stimme als Verkaufsstil einsetzen und daraus Kapital schlagen kann. Aber gerade diese Tatsache macht ihren Einsatz für Sie noch wertvoller.

Denken Sie daran, wenn Sie sich das nächste Mal für ein Verkaufsgespräch vorbereiten: Üben Sie ein, was Sie sagen wollen, entscheiden Sie sich, wie Sie erscheinen wollen. Wollen Sie als stark und kontrolliert erscheinen? Als gut informiert? Vertrauenswürdig? Neugierig? Eifrig? Kämpferisch? Verzweifelt? Gleichgültig? All das kann durch Ihre Stimme vermittelt werden.

4. Der Witzbold

Humor ist das wertvollste Verkaufswerkzeug, weil es der schnellste Weg ist, jemanden dazu zu bekommen, Sie zu mögen und wenn man Sie mag, dann will man auch eher von Ihnen kaufen. Aber Humor ist auch das gefährlichste Verkaufswerkzeug, weil man sich nie sicher sein kann, was die andere Seite zum Lachen bringt. Was den einen erheitert, kann den anderen wütend machen.

Wir alle haben schon Menschen getroffen, die einfach nicht lustig sind, aber haben Sie schon mal jemanden getroffen, der zugibt, dass er keinen Sinn für Humor hat? Manche sind in der Tat lustig. Die meisten aber nicht. Bevor Sie Humor zu einem bedeutenden Teil Ihres Verkaufsstils machen, fragen Sie einen Freund oder Kunden, zu welcher Gruppe Sie gehören.

5. Der Experte

Einige sehr effektive Verkäufer haben praktisch gar keinen Verkaufsstil. Zumindest nicht in dem Sinne, den wir normalerweise mit Superverkäufern assoziieren. Ihr Stil ist ihr Wissen und ihre Erfahrung – was mich zu folgendem Paradoxum führt:

Einige der besten Verkäufer, die ich kenne, glauben, sie wüssten nicht, wie man verkauft

In den letzten Jahren teilten mir einige Freunde und Mitarbeiter mit, sie wüssten nicht, wie man verkauft. Meiner Meinung nach gehören sie jedoch zu den besten mir bekannten Verkäufern.

Einer ist Verlagsmanager und hat eine lange Karriere hinter sich. In fast jeder Geschäftssituation nimmt man ihn gewöhnlich als die klügste Person im Raum wahr. Er strahlt Autorität aus, weil er intelligent ist. Deshalb hört man ihm nicht nur zu, sondern glaubt ihm auch und ist bereit zu kaufen.

Ein anderer produziert Dokumentarfilme. Ich hörte ihn murmeln, er sei kein Verkäufer, er stünde lieber hinter der Kamera. Aber vor potenziellen Investoren habe ich erlebt, wie er ein Projekt mit solch offensichtlichem Enthusiasmus und Liebe für das Material beschreibt, dass nur wenige seinem Ersuchen widerstehen können.

Keiner dieser Individuen besitzt die äußeren Anzeichen, die wir normalerweise mit Verkaufstechnik assoziieren – die weiche Linie, die einschmeichelnde Stimme, das draufgängerische Verhalten und das Selbstvertrauen, Eislutscher an Eskimos verkaufen zu können. Aber dennoch sind sie Verkäufer, weil sie die wichtigste Qualität des Verkaufens besitzen. Bewusst oder unbewusst verleiten sie andere zum Kaufen.

Behalten Sie das in Erinnerung, wenn Sie das nächste Mal an Ihren Verkaufsfähigkeiten zweifeln. Möglicherweise haben Sie mehr davon, als Sie selbst erkennen.

Unterschätzen Sie das Wissen nicht

Ihr am meisten unterschätzter Trumpf ist natürlich das Wissen. Wenn Sie Ihr Objekt in- und auswendig kennen, haben Sie automatisch einen Vorteil gegenüber allen anderen im Raum. Sie müssen buchstäblich bei Ihnen nach den Antworten suchen und ziemlich häufig werden sie auch bereit sein, dafür zu bezahlen.

Wir haben einen Manager in unserer Marketinggruppe, der sich selbst nicht als Verkäufer betrachtet. Er hält sich selbst für einen Informationssammler, der einen Klienten berät, nachdem einer unserer Verkäufer diesem Unternehmen unsere Dienstleistungen verkauft hat.

Wenn man sich allerdings ansieht, welche Leistungen er in den letzten Jahren gebracht und welche Umsätze er erzeugt hat, dann wird deutlich, dass er Verkäufer ist. Ich habe erlebt, dass er bei einer Verkaufspräsentation mit seinen grafischen Darstellungen und Dias ein Thema so gründlich abgedeckt hat, dass die andere Seite Verbindungen und Möglichkeiten erkennen konnte, von denen sie vorher gar nichts gewusst hatte. Das ist die beste und dauerhafteste Art des Verkaufens. Er muss die Kunden gar nicht erst vom Kauf überzeugen. Stattdessen kann er sie mit seiner Erfahrung so gründlich neu orientieren, dass sie es selbst wollen.

Verkaufen Sie Ihren Ruf

Ein weiterer unterbewerteter Trumpf ist Ihr Ruf. Ich kenne den Herausgeber eines preisgekrönten Magazins, dessen Prestige fast jedes Gespräch, dem er beiwohnt, günstig beeinflusst. Wie viele seiner Kollegen ist er sehr verhalten und scheu. Er interessiert sich mehr für Worte und Bilder als für die Manipulation von Menschen. Aber diese Konzentration und die Jahre, in denen er viel öfter richtig als falsch lag, machen aus ihm einen sehr effektiven Verkäufer, wenn Verleger seine Meinung über Schriftsteller oder Geschichten haben wollen. Seine Meinung als Herausgeber hat Gewicht. Obwohl er nicht glaubt, dass er verkauft, kommt unter dem Strich aber heraus, dass die Kunden kaufen.

Die Angst vor Engagement

Viele Leute glauben wahrscheinlich deshalb, nicht zu wissen, wie man verkauft, weil sie sich nicht sehr wohl dabei fühlen, um einen Auftrag zu bitten. Sie haben kein Problem damit, ihren Fall dem Kunden zu präsentieren. Den Kunden aber dazu zu bringen, sich zu verpflichten, ist ein komplett anderes Vorgehen. Es ist aufdringlich. Es bedeutet, eine Grenze zu ziehen und den Kunden zu bitten, sie zu überschreiten und die Gefahr, zurückgewiesen zu werden, der sich viele nicht stellen wollen.

In unserer Firma haben wir dieses Problem wahrscheinlich gelöst, obwohl es eine ziemlich kostspielige Lektion war.

Vor ein paar Jahren heuerten wir einen berühmten Athleten für unsere Fernsehabteilung an. Hier, dachten wir, war die perfekte Person, um Sportprogramme zu verkaufen. Er verstand etwas vom Sport. Er kannte das Fernsehen. Er besaß ein solches Prestige, dass er zu jedem Entscheidungsträger vordringen konnte. Das einzige Problem bestand darin, dass er nicht in der Lage war, den Kunden zum Kauf aufzufordern. Er konnte nicht um den Auftrag bitten und somit keinen Abschluss tätigen.

Im Nachhinein erkenne ich nun, dass wir diesen ehemaligen Athleten mit einer kleinen Veränderung zu einem effektiven Verkäufer hätten machen können. Wir hätten ihn mit einem »Abschließer« zusammentun müssen, einem Kollegen, der um einen Auftrag bitten kann.

Erzählen Sie ihnen nichts, was Sie ihnen zeigen können

Es gibt zwei Möglichkeiten, jemanden von Ihrer Idee zu überzeugen. Sie können ihm davon erzählen oder es ihm zeigen. Es ihm zu erzählen, egal wie redegewandt Sie das machen, hat etwas mit Überreden zu tun und solche Überredungskünste lassen Ihr Gegenüber häufig in Habacht-Stellung gehen. Er bekommt das Gefühl, man will ihm etwas andrehen.

Wenn Sie ihm zeigen können, welchen Wert die Idee für ihn hat, macht ihn das empfänglicher. Er bekommt das Gefühl, er erhält eine zu nichts verpflichtende Gelegenheit, um Ihren Stil und Ihre Kompetenz zu beurteilen.

Um jemandem zu zeigen, was Sie für ihn tun können, müssen Sie so etwas wie einen Spürsinn entwickeln, was er eigentlich will. Was jemand wirklich will, ist nicht immer das, was er behauptet zu wollen. Was Sie tatsächlich für ihn tun können, entspricht nicht unbedingt dem, was Ihnen am Herzen liegt.

Ich bekam eine Ahnung von diesem Paradox zu Beginn meiner Beziehung zu Arnold Palmer. Arnold stand Managern sehr skeptisch gegenüber. Er verstand nicht, warum er einen anderen Menschen brauchte (nämlich mich), der sein scheinbar idyllisches Leben nur verkomplizierte. Weiterhin sah er keinen wirklich überzeugenden Grund, warum er einen Teil seines Lebensunterhalts mit diesem Individuum teilen sollte (meine Provision nämlich). Arnolds Skepsis war wohlbegründet. Die Vorstellung eines Golfers mit einem ständigen Manager war zur damaligen Zeit eine Neuheit. Es gab keinen großen Markt für Dienstleistungen von Golfspielern außerhalb des Platzes, und selbst wenn es einen Markt gegeben hätte, so gab es nicht den geringsten Beweis, dass ein Businessmanager irgendwie helfen könnte, diesen winzigen Markt zu bearbeiten.

Arnold und ich hatten eine Reihe von Vorgesprächen, während ich noch als Anwalt in Cleveland tätig war. Ich machte ihm deutlich, welche Möglichkeiten ich am Horizont für ihn aufsteigen sah – Zusatzverträge, Lizenzabschlüsse, persönliche Auftritte, die heute für selbstverständlich gehalten werden, damals aber überhaupt nicht existierten. Arnold hörte höflich zu, blieb aber reserviert und unverbindlich.

Was ich nicht erkannte, war die Tatsache, dass Palmer nicht vorrangig vom Geld motiviert war. Im Laufe der Jahre ist er ein außergewöhnlich guter Geschäftsmann geworden, mit Geschäften, die vom Entwurf und dem Management von Golfkursen bis zu Fluggesellschaften und Automobilhändlern reichen.

Aber es ging ihm dabei immer eher um die persönliche Erfüllung denn ums Geld. In den Sechzigern wollte er nichts anderes, als besser als alle anderen Golf spielen. Wenn er das tat, erwartete er, dass alles andere funktionierte. Er wusste nicht wirklich, was »alles andere« eigentlich war. Das sollte mein Job sein. Wenn ich es ihm nur beweisen konnte.

Nach mehreren am eigentlichen Thema vorbeigehenden Gesprächen wurde mir allmählich bewusst, dass Arnold niemanden wollte, der ihm half, eine Stange Geld zu verdienen, sondern eher jemanden, der ihm half, sein Leben zu vereinfachen, sodass er sich auf den Golf konzentrieren konnte.

Ich musste ihm nun zeigen, dass ich derjenige war. Ich bekam meine Chance eines Nachts im Hause der Palmers in Latrobe, Pennsylvania, wo Arnold, seine Frau Winnie und ich zu Abend aßen. Danach gingen Arnold und ich in sein Arbeitszimmer, wo er verzweifelt auf den mit ungeöffneter Post übersäten Schreibtisch wies.

»Diese Sachen machen mich verrückt«, sagte er. »So sieht es jedes Mal aus, wenn ich von einem Turnier nach Hause komme.« Arnold und ich setzten unsere Gespräche fort, aber ich konnte mich kaum darauf konzentrieren. Ich wartete den richtigen Zeitpunkt ab, bis er müde wurde und ankündigte, dass er nun zu Bett ginge.

Nachdem er sich zurückgezogen hatte, ging ich sofort an seinen Schreibtisch. Ich verbrachte die halbe Nacht damit, hunderte von Briefen durchzugehen, alles von Fanpost bis zu Bitten um Spenden, Werbezetteln von Supermärkten und Geschäftsvorschlägen.

Am nächsten Morgen fand Arnold auf seinem Schreibtisch drei sauber sortierte kleine Stapel mit Post vor, die er sich anschauen sollte.

»Arnold«, sagte ich, »vergessen Sie einmal die finanzielle Seite. Das kann professionelles Management für Sie tun.« Das war das, was er wirklich wollte: Einfachheit, Organisation, Ruhe.

Im Nachhinein und in Anbetracht dessen, dass ich meine ganzen folgenden Geschäftsbeziehungen meiner Beziehung zu Arnold Palmer verdanke, war das der wichtigste »Abschluss« meines Lebens.

Mit Zustimmung und Ablehnung stilvoll umgehen

Wie ein Verkäufer mit einer Zustimmung oder einer Ablehnung umgeht, sagt viel über seine Zukunft im Verkaufsbereich aus. Sie denken vielleicht, mit Zustimmung – das heißt, der Kunde sagt: »Ja, ich kaufe Ihr Produkt« – umzugehen sei für einen Verkäufer die einfachste Sache der Welt. Aber manche können nicht widerstehen, ihr eben erworbenes Vermögen aufs Spiel zu setzen.

Ich habe immer geglaubt, dass der gefährlichste Moment beim Verkaufen der ist, wenn der Kunde ja sagt. In vielen Fällen ist das der Moment, wenn der Kunde und der Verkäufer sich freuen, einen Abschluss getätigt zu haben. Aber ich vermute, dass es mindestens ebenso viele Fälle gibt, wo die Gefühle der beiden in diesem Moment völlig verschieden sind. Der Käufer ist nervös, weil er sich gerade für etwas verpflichtet hat. Der Verkäufer ist freudig erregt, dass er den Verkauf abgeschlossen hat. Das ist eine gefährliche emotionale Mischung.

In diesem Moment ist es unbedingt erforderlich, dass der Verkäufer stilvoll mit der Zustimmung umgeht. Mit anderen Worten: Wenn Sie verkauft haben, seien Sie still! Fangen Sie nicht damit an, den Käufer dafür zu loben, eine gute Wahl getroffen zu haben. Sätze wie: »Sie werden es nicht bedauern«, oder »Das ist das beste Geschäft, das Sie je gemacht haben«, erregen selbst bei den vertrauensseligsten Personen Verdacht. Bei einem nervösen Kunden kann das sogar zur völligen Meinungsveränderung führen.

Wenn Sie einen Verkauf getätigt haben, kann alles, was Sie noch dazu sagen, nur als ein Schuss nach hinten losgehen. Wechseln Sie das Thema. Reden Sie über die Kinder des Käufers oder ein Golfspiel, bloß nicht darüber, wie brillant er eingekauft hat.

Wenn der gute Umgang mit einer Zustimmung bedeutet, dass man vom Geschäftlichen zum Privaten übergeht, dann bedeutet der Umgang mit einer Zurückweisung, dass man seine professionelle Selbstsicherheit bewahrt und alles Persönliche vermeidet.

Als allgemeine Regel sollten Sie Ihren Interessenten niemals böse sein, weil sie Ihren Vorschlag ablehnen. In den meisten Fällen weisen sie Ihren Vorschlag zurück, nicht Sie persönlich.

Das ist eigentlich offensichtlich. Doch wie oft hat man erlebt, dass ein Verkäufer nach einer Zurückweisung den Interessenten beschimpft hat, seine Zeit verschwendet zu haben, ein Idiot zu sein oder zu dumm zu sein, um den großen Deal zu erkennen, den er hätte machen können. Sie nehmen es persönlich und gehen in die Offensive.

In extremen Fällen kann diese Haltung zu einer richtigen Aggressivität des Verkäufers führen, indem es zu Beschimpfungen kommt, als ob das dazu führen könnte, die Meinung des Interessenten zu verändern.

Ich gehe mit einer Zurückweisung ziemlich ruhig um, auch wenn ich mich gar nicht so ruhig fühle. Ich kehre zu einem potenziellen Klienten mit immer neuen Vorschlägen zurück. Ich mache alles Mögliche – schicke ihm Zeitungsausschnitte, persönliche Nachrichten, Einladungen für Veranstaltungen –, um ihm damit mitzuteilen, dass ich ihn schätze, dass da keine schlechten Gefühle sind und dass ich immer noch glaube, dass wir Geschäfte miteinander machen können.

Nachdem man so viel Zeit damit verbracht hat, einen potenziellen Kunden kennen zu lernen, wäre ich verrückt, sein erstes oder zweites oder drittes Nein als Hinweis darauf zu nehmen, ihn aus meinem Leben zu streichen. Ich sehe das eher so, dass mit der Zahl der Neins meine Chancen steigen, auch mal ein Ja zu bekommen.

KAPITEL 6

Nur für Verkaufsmanager

Sind Ihre Verkäufer proaktiv oder reaktiv?

Als Manager bin ich immer entzückt, wenn einer unserer Mitarbeiter von einem großen Erfolg berichtet, den er ausgeheckt hat. Wie jeder andere auch liebe ich gute Nachrichten.

Aber ein anderer Teil von mir ist ständig dabei, diese Erfolge zu analysieren. Wie großartig sind sie? Geschehen sie, weil jemand in unserer Firma die Idee initiierte und sie über enorme Widerstände hinweg in die Praxis umsetzte? Oder kam jemand mit der Idee zu uns und wir mussten lediglich den Telefonhörer abnehmen? Oder mit anderen Worten, waren wir proaktiv oder reaktiv?

Der Unterschied zwischen proaktivem und reaktivem Verhalten war für mich immer sehr wichtig. Es ist nicht allzu schwer zu verdeutlichen, warum das so ist. Proaktives Verkaufen, bei dem Sie das Konzept entwerfen, die Kunden finden, ihnen ihre Bedürfnisse verdeutlichen und ihre Kaufgewohnheiten umkehren, bedeutet, dass Sie vor dem Feld laufen, ein Anführer statt ein Mitläufer sind. Wenn Sie es richtig machen, werden Sie immer den ersten Zugriff auf die besten Klienten, Kunden, Konzepte und Möglichkeiten haben, weil man weiß, dass bei Ihnen immer etwas Besonderes auf den Tisch kommt, etwas mehr Fantasie oder Mut oder Aggressivität. Aus diesem Grund allein wird man mit Ihnen Geschäfte machen wollen.

Reaktives Verkaufen, bei dem Sie lediglich auf die Ideen anderer antworten oder Ihre Wettbewerber nachahmen, bedeutet, dass Sie ein Befehlsempfänger sind. Sie sind nicht da, wo die wahren Entscheidungen getroffen werden. Sie können es mit diesem Ansatz zu etwas bringen, aber Ihr Geschäft wird immer von der Initiative anderer abhängen.

Sie denken vielleicht, dass jeder lieber pro- denn reaktiv sein möchte. Aber die Welt lässt einen nicht immer. Manchmal verfängt man sich in Situationen, die die proaktiven Instinkte ersticken, bevor man es erkennt. Hier gibt es drei Szenarien zu erwägen:

1. Früher Erfolg

Die gefährlichste Situation ist, zu viel Erfolg von früh an zu haben, weil man dadurch arrogant und sorglos wird. Ich erfuhr das während meiner Anfangszeit mit Arnold Palmer, Gary Player und Jack Nicklaus am eigenen Leib. Golf erlebte in den USA einen Boom und unsere Firma vertrat die drei besten Spieler der Welt. Es war eine aufregende Zeit. Die Telefone standen nicht mehr still. Ich reiste um die ganze Welt. Die Kunden liefen uns in unserem Büro in Cleveland die Tür ein und machten Geschäftsvorschläge. Ich nannte einen Preis. Sie akzeptierten. Und dann musste ich unseren neuesten Kunden nur noch zur Tür bringen und schon konnte ich die nächste Gelegenheit ergreifen.

Unter diesen Umständen wäre es eigentlich verständlich, wenn wir begonnen hätten, uns als die Superverkäufer zu betrachten und angesichts unserer Fähigkeiten selbstzufrieden zu werden.

Unseren proaktiven Instinkt verloren wir allerdings nicht beim Verkaufen der Dienstleistungen unserer Klienten, sondern bei der Heranziehung neuer Klienten.

Ich habe immer gedacht, dass es angesichts des Erfolges, den wir mit Arnold, Gary und Jack hatten, offensichtlich für alle anderen Profigolfer wäre, dass wir das beste Unternehmen für das Management ihrer Geschäftsbeziehungen sind. So wartete ich darauf, dass die Golfer bei uns an die Tür klopften. Sie kamen aber nie.

Schließlich erkannte ich, dass ich auf Tour gehen muss, um die

Spieler kennen zu lernen, wenn ich wollte, dass neue Golfstars bei uns unterschreiben (was andere Vertreter, die hinter uns lagen, taten). Ich lernte, dass ein Golfer uns als Freund betrachten musste, bevor er unsere Verhandlungsfähigkeiten schätzen konnte. Das Ergebnis: Ich wurde als Freund proaktiver.

2. Der unerwartete Gewinn

Eine etwas andere Situation, aber nicht weniger gefährlich, ist der unerwartete Erfolg. In unserer Branche geschieht das, wenn einer unserer Athleten plötzlich den Durchbruch an die Spitze seiner Sportart schafft. Mit einem Mal jubelt die ganze Welt dem Sportler zu. Das ist der Moment, wo die Führungskräfte in unserem Unternehmen, die den Athleten vertreten, denken, sie seien besser, als sie in Wirklichkeit sind.

Ich habe immer gesagt, dass man kein Genie sein muss, um für Björn Borg Millionen zu machen, wenn er die Nummer eins im Tennis ist. Jedes Schulkind, das noch grün hinter den Ohren ist, könnte Borg auf reaktive Weise managen, das heißt, die Anrufe entgegennehmen und das Angebot des Kunden um 10 oder 20 Prozent hochtreiben. Ich bin meistens beeindruckter von einem 10 000-Dollar-Verkauf, der Initiative und Kreativität auf einem neuen Gebiet erfordert, als von einem 1-Millionen-Dollar-Verkauf, der schon ausgemachte Sache war. Der kleinere Abschluss ist proaktiv. Er eröffnet neue Möglichkeiten. Wer weiß schon, was wir da für unsere anderen Klienten entdecken?

3. Neue Kunden stellen Forderungen

Die Kunden sind ein weiterer Grund, warum Verkäufer eher reaktiv denn proaktiv werden. Nachdem Sie ihnen Ihr Produkt oder Ihre Dienstleistung verkauft haben, stellen einige Kunden bezüglich des Services solch enorme Forderungen, dass sie Sie damit abhalten, das zu tun, was Sie am besten können, nämlich noch mehr zu verkaufen.

Es ist ein heimtückischer Prozess, den selbst die wachsamsten und aggressivsten Verkäufer übersehen können.

In unserem Unternehmen sind wir zum Beispiel ziemlich stark in den Verkauf von Übertragungsrechten für Sportveranstaltungen in der ganzen Welt involviert. Wir haben unter anderem die internationalen Übertragungsrechte für die National Football League, die National Hockey League und die ATP-Tennistour der Männer. Angesichts dieser Erfolge ist es nicht ungewöhnlich für die Direktoren einer Veranstaltung, die bisher noch nie Erfolg mit irgendwelchen Übertragungsrechten hatten, zu uns zu kommen und uns zu bitten, die Veranstaltung zu repräsentieren. Wir machen dann einen irrsinnigen Job, verkaufen die TV-Rechte in der ganzen Welt und verdienen für unseren Klienten einen Haufen Geld.

Wenn die TV-Einnahmen dann zu fließen beginnen, mischen sich die Direktoren der Veranstaltungen plötzlich in unseren Verkaufsprozess und unsere Aktivitäten ein. Sie wollen über alles Bescheid wissen, was der ausländische Sender für sie tut und noch mehr. Welche Sender kaufen die TV-Rechte? Wie werben sie für die Veranstaltung? Wer sind die kommerziellen Sponsoren? Wie hoch liegen die Werbesätze? Wie hoch ist die Einschaltquote?

Plötzlich sind unsere Mitarbeiter, die aggressiv und kreativ für den Klienten verkauft haben, gezwungen, fast ihre ganze Arbeitszeit damit zu verbringen, die Fragen des Klienten zu behandeln. (Ich erinnere mich an einen Klienten, der wegen der TV-Rechte für Venezuela nachfragte, als die Einschaltquote in Venezuela noch gar nicht verfügbar war.)

Wenn das passiert, dann weiß ein guter Verkaufsmanager, dass das Pendel zu weit geschwungen ist, dass sein Verkaufsteam nicht mehr proaktiv, sondern reaktiv ist und dass weder der Vertreterstab noch der Kunde aus dieser Veränderung Nutzen ziehen kann.

Behalten Sie diese drei Szenarien im Hinterkopf, wenn Sie die Leistungen Ihrer Verkäufer beurteilen. Wenn sie aufgrund einiger schneller Erfolge hochnäsig werden, zeigen Sie ihnen die Bereiche, wo es Raum für Verbesserungen gibt. Wenn ihnen einige große Verkäufe in den Schoß gefallen sind, erinnern Sie sie freundlich daran, dass dies wahrscheinlich mehr mit Glück als mit ihren Fähigkeiten zusammenhing (man kann nicht immer auf das Glück zählen). Wenn sie durch die Forderungen eines Kunden aufgesogen werden, suchen Sie einen Assistenten, der die kleinen Details behandeln kann und schicken Sie sie wieder auf die Straße.

Eine Checkliste für das perfekte Verkaufsgespräch: davor, währenddessen und danach

Ich denke, jeder Verkaufsmanager sollte sich die Zeit nehmen, um eine Checkliste darüber zu erstellen, was seine Verkäufer vor, während und nach einem Verkaufsgespräch tun sollten. Die Checkliste kann von Branche zu Branche im Umfang variieren, aber ich zweifle daran, dass die Techniken und Strategien von der folgenden Liste weit abweichen, die die Mitarbeiter in unserem Unternehmen seit Jahren verwenden.

Obwohl die Liste offensichtlich auf unsere Bemühungen ausgerichtet ist, Unternehmensbeteiligungen beim Sport zu verkaufen, denke ich, dass man sie bei praktisch jedem Erstverkauf in jedem Unternehmen zur Anwendung bringen kann.

Vor dem Treffen

1. Erforschen Sie das Unternehmen, seine Produkte, laufende Werbeansätze usw.
2. Überprüfen Sie das Lager. Finden Sie heraus, wie der Markt ihr Produkt oder ihre Dienstleistung wahrnimmt.

3. Konsultieren Sie die Datenbank unseres Unternehmens.

4. Diskutieren Sie Ihre Ideen mit mindestens einem anderen Manager in unserem Unternehmen.

5. Wenn das Unternehmen bereits mit Sport zu tun hat, diskutieren Sie diese Beteiligung mit dem entsprechenden Manager für den Sportbereich.

6. Für größere Treffen benötigen Sie einen Jahresbericht.

7. Finden Sie die Werbeagentur des Unternehmens heraus. Haben wir irgendwelche Erfahrungen mit ihnen?

8. Haben sie eine externe Firma für die Public-Relations?

9. Sind Ihre Treffen auf Unternehmens-, Abteilungs- oder individueller Produktbasis, das heißt, mit einem Personalchef, einem Linienmanager oder einem Produktionsmanager? Das sagt viel über deren Budget aus. (Der Produktionsmanager hat meist das größte Budget.)

10. Ist der Klient neu für das Unternehmen? Ihre besten Interessenten sind solche, die neu an Bord gekommen sind oder die dabei sind zu gehen.

11. Organisieren Sie Ihre »Hinterlassenschaften«. Lassen Sie immer etwas da.

12. Bekommen Sie den Titel der Person, mit der Sie sich treffen und somit auch ihre Entscheidungsbefugnis heraus?

13. Ermitteln Sie im Voraus, wer anwesend sein wird.

14. Lassen Sie sich am Tag davor eine Rückbestätigung geben.

Während des Treffens

15. Checken Sie bei der Ankunft den Empfangsbereich für ein internes Rundschreiben o. ä. Das gibt Ihnen weiteren Einblick und Hintergrundinformationen.

16. Sprechen Sie persönlich mit der Sekretärin des Klienten. Danken Sie ihr.

17. Merken Sie sich alle Vornamen.

18. Wenn Sie sich über Titel und Positionen der Anwesenden nicht klar sind, fragen Sie im Voraus.

19. Vergessen Sie nicht den Ruhigen in der Ecke und machen Sie sich nicht nur beim Chef beliebt.

20. Suchen Sie nach einem persönlichen Thema, das Sie mit dem Klienten gemeinsam haben (Heimatort, Schule, Hobby, Freunde usw.), um den Gesprächen einen menschlicheren Anstrich zu geben. Bevor sie von Ihnen kaufen, müssen sie Ihnen trauen und Sie mögen.

21. Versichern Sie sich, dass jeder beim Treffen unseren Hintergrund und unsere Dienstleistungen kennt. Beginnen Sie mit einem drei- bis vierminütigen Überblick. Dann soll die andere Seite sprechen.

22. Seien Sie bei der Beschreibung unserer Geschichte bescheiden. Machen Sie nicht den Eindruck, als würden wir nur große Abschlüsse tätigen.

23. Bevor Sie verkaufen, was Sie verkaufen wollen, fragen Sie Ihre Gegenüber, was sie kaufen wollen. Fragen Sie: »Wie läuft Ihr Geschäft?« und passen Sie das Verkaufsgespräch entsprechend an.

24. Hören Sie dem Kunden zu. Platzen Sie nicht mit einer Antwort heraus. Nehmen Sie sich eine Minute, um das Timing zu erwägen und ob Sie es zu Ihrem Vorteil verwenden können.

25. Bringen Sie, wann immer es möglich ist, eine unserer erfolgreichen Fallgeschichten mit ein oder Beteiligungen mit einem anderen in ihrer Branche. (»Oh, ich erinnere mich, als wir mit XYZ arbeiteten, gab es ähnliche Probleme und wir schlugen ihnen vor ...«)

26. Seien Sie darauf vorbereitet, das Verkaufsgespräch auf ein anderes Konzept oder eine andere Dienstleistung zu verlagern. Kennen Sie Ihre Alternativen im Voraus.

27. Reden Sie ohne Umschweife, umgehen Sie nicht die Frage: »Wie kann ich die Ergebnisse dieser Sportmarketingpromotion, die Sie vorschlagen, messen?« Wir haben viel Erfahrung, wenn es darum geht, Unternehmen zu zeigen, wie wir Ergebnisse gegenüber gesteckten Zielen messen.

28. Seien Sie aufrichtig.
29. Haben Sie nicht auf alles eine Antwort. Das ist deren Rolle.
30. Benutzen Sie nicht die ganze vorgegebene Zeit, wenn es nicht nötig ist. Die andere Seite wird Sie dafür umso mehr schätzen.
31. Wenn Sie etwas nicht wissen – ein Datum, einen Namen –, sagen Sie es. Und kehren Sie am nächsten Tag mit der Antwort zurück.
32. Bei der Kalkulation Ihres Vorschlages denken Sie an Waren und Dienstleistungen (Tauschgeschäfte) genauso wie an Bargeld.
33. Wenn Sie etwas verkauft haben, halten Sie den Mund.

Nach dem Treffen

34. Schreiben Sie am nächsten Tag einen Dankesbrief, der das Gespräch zusammenfasst und jeden, der beim Treffen dabei war, erwähnt. Senden Sie jedem Beteiligten ein Exemplar, wirklich jedem.

Die drei wichtigsten Dokumente im Aktenordner eines Verkäufers

Ich habe noch nie einen Verkaufsmanager getroffen, der nicht ein System zur Beurteilung und Verbesserung der Leistung seiner Verkäufer gehabt hätte. Einige haben ausgearbeitete Berichtsverfahren und halten ihren Verkaufsstab eng am Zaum. Sie wissen genau, wie jeder Pfennig ausgegeben wird und wägen ihn gegen jeden verdienten Pfennig ab.

Andere haben eher lockere Systeme. Sie haben eine laufende Gegenrechnung im Kopf, die darauf basiert, was die Verkäufer ihnen erzählen, wer gut verkauft und wer nicht. Solange am Ende des Jahres mehr eingenommen als ausgegeben wurde, sind sie zufrieden.

Ich kenne einen Verkaufsmanager, der auf wöchentlichen »Was-ich-gehört-habe-Memos« seiner Verkäufer besteht. Das sind schriftliche Zusammenfassungen über sämtliche Brancheninformationen, Versprechungen, Gerüchte und Vorschläge, die der Verkaufsstab im Lauf der Woche gesammelt hat. Er meint, dass dies die interne Kommunikation verbessert und die Mitarbeiter zwingt, mehr zuzuhören und weniger zu sprechen. Am wichtigsten ist jedoch, dass es ihm sagt, ob seine Verkäufer hören, was der Kunde tatsächlich sagt.

»Sie wären überrascht«, sagt er, »wie vier Mitarbeiter zu demselben Verkaufsgespräch gehen können und dann vier völlig unterschiedliche ›Was-ich-gehört-habe-Berichte‹ schreiben.« (In der Tat überrascht es mich nicht.)

Mein Verkaufsmanagement-System ist einfacher. Jeder Ordner eines Verkäufers enthält drei verschiedene Akten.

Produktion, Quoten und Interessenten

Die erste hat offensichtlich mit der *Produktion* zu tun. Ich muss wissen, wie viel eine Person tatsächlich verkauft. Dies erfahre ich durch Aktivitätsberichte und regelmäßige Überarbeitungen über Einkommensprojektionen.

Die zweite Akte umreißt *Ziele und Quoten.* Es ist wichtig, dass der Verkäufer weiß, was von ihm erwartet wird. So behalte ich ein Zielmemo in der Akte, wenn wir beide einmal verschiedener Meinung sein sollten.

Die dritte Akte (und mein persönlicher Beitrag zum Genre) ist das »*In-der-Schwebe-Memo*«.

Ich ermutige unsere Mitarbeiter unermüdlich via Memo, mehr Interessenten zu haben, als sie eigentlich betreuen können. Wenn sie 10 Sachen am Laufen haben, will ich, dass es 20 sind. Mir ist egal, wie viele sie davon auf dem Weg fallen lassen. Ich bin überzeugt, je mehr Sachen sie am Laufen haben, desto größer ist die Chance, dass eine klappt (oder auch mehrere).

Mein Hauptgrund dafür ist, den schädlichen Strukturen

der meisten Verkaufsorganisationen entgegenzuwirken. Sie sind Hierarchien, die dazu bestimmt sind, den Interessentenkreis eines Verkäufers zu reduzieren, nicht zu erhöhen.

Die meisten Verkaufsmanager werden Ihnen erzählen, dass sie versuchen, ein Verkaufsteam aufzubauen. Doch schauen Sie sich deren Organisation an und Sie werden eine Struktur vorfinden, die einzig dazu bestimmt ist, das Teamwork zu vereiteln. Und das deshalb, weil die meisten Verkaufsstäbe noch immer nach dem Prinzip des Verkaufsbezirks organisiert sind.

Jeder Verkäufer hat seinen Verkaufsbezirk, seine heilige Kundenliste, die er entweder sich verdient oder geerbt hat. In einem kompetitiven Umfeld ist er darauf trainiert, diese Listen eifersüchtig zu bewachen. Sie sind seine Einkommensquelle und Quelle seines Selbstbewusstseins. Ein Kollege, der ohne seine Zustimmung gegenüber einem seiner Kunden ein neues Konzept zur Sprache bringt – egal, wie geeignet oder lohnenswert die Idee zu sein scheint –, wird als Wilderer betrachtet. Das schafft Brüche statt Harmonie. Das ist kein Mannschaftsspiel.

Ich akzeptiere das nicht. Ich glaube sogar, das Gegenteil ist richtig. Ich denke, dass ein regelmäßiges Memo, das die Mitarbeiter dazu ermutigt, mehr Sachen am Laufen zu haben – und sie dazu zwingt, Informationen, überlappende Kundenlisten und das Risiko, ab und zu auf die Zehen zu treten, zu teilen –, Teamwork letztendlich fördert und nicht negiert. Hinzu kommt der Effekt einer steigenden Zahl von Abschlüssen.

Natürlich gibt es einen richtigen und einen falschen Weg, um Menschen zu ermutigen. Zum einen müssen Sie ihre Angst vor Misserfolg berücksichtigen.

Es gibt einen Grund, warum sie lieber nur eine Sache am Laufen haben als deren 20. Eine Sache hat man leichter unter Kontrolle. Ein neinsagender Kunde zerstört das Ego eines Verkäufers weit weniger als 20 Neinsager. Deshalb hängen sich Verkäufer häufig an einen einzigen Kunden und verfolgen diesen hartnäckig, statt mit derselben Idee noch zu 19 anderen zu gehen. Sie denken, sie haben damit das Risiko zu scheitern reduziert. Sie denken, ein Nein ist keine so große Niederlage wie 20. Als Manager ist es mein Job, ihnen klarzumachen, dass Misserfolg, selbst ein jämmerlicher, völlig in Ordnung ist. Es ist bestimmt besser, als seine Zeit mit einem unentschlossenen Interessenten zu vergeuden und sich in dem Glauben verrückt zu machen, man sei noch immer im Rennen.

Ein Memo über die laufende Sache darf sich nicht damit begnügen, den Verkäufer nur aufzufordern, sich mehr um die Interessenten zu kümmern. Es darf dem Verkäufer keine Wahl lassen. Es ist der Unterschied, ob der Chef vorschlägt: »Warum rufen Sie die Firma XYZ nicht mal an?«, oder ob er sagt: »Joe Smith bei XYZ erwartet Ihren Anruf.« Sie sollten besser Letzteres tun.

Ein Memo über die laufende Sache muss dem Verkäufer auch das Gefühl geben, es sei noch immer sein Deal, egal, wie wertvoll der Beitrag vom Chef ist. Sie können sich gar nicht vorstellen, wie sehr sich jemand einer Idee widersetzen kann, wenn er das Gefühl hat, die Anerkennung dafür teilen zu müssen.

Einer unserer Verkäufer sprach kürzlich mit einer Versicherungsgesellschaft über ein Projekt. Ich kannte zumindest drei weitere Versicherungsgesellschaften, die großes Interesse an dem Projekt hatten. Ich hätte ihm anbieten können, diese drei für ihn anzurufen. Aber ich ging davon aus, dass er sich widersetzen würde, denn wenn meine Bemühungen erfolgreich wären, würde er nicht mehr die volle Anerkennung für den Deal erhalten. Er müsste den Ruhm mit mir teilen.

Wir alle kennen Menschen, denen viel an Anerkennung liegt. Aber man muss mit ihnen umgehen und darf sie nicht ignorieren. Man muss seine Vorschläge andeuten, ohne sie dadurch zu bedrohen.

Mit einem Memo zur laufenden Sache können Sie das tun.

Statt das Angebot zu machen, die drei Gesellschaften selbst anzurufen, schlug ich ihm vor, er solle es tun. Das brachte ihn wieder ins Rennen und mich heraus. Es war wieder sein Deal. Und wir hatten beide etwas davon.

Verabschieden Sie sich vom Soloverkäufer

Ich habe immer geglaubt, dass eine der größten Attraktionen des Verkäuferberufs darin liegt, dass man allein arbeitet. Man ist unabhängig, man teilt sich die Zeit mehr oder weniger selbst ein. Die Anzahl der Menschen, denen man antworten muss, abgesehen von den Kunden, kann auf ein Minimum reduziert werden, häufig auf einen einzigen Verkaufsleiter. Die Anruferei hat sogar etwas Prickelndes; es hat etwas grundsätzlich Heroisches, wenn sich ein Verkäufer in das Unbekannte stürzt, nur mit einem Musterkoffer in der Hand, und dann mit Aufträgen zurückkommt.

Natürlich gibt es andere zwingende Gründe, warum man allein verkaufen sollte. Für einen Verkaufsleiter ist damit eindeutig, wem die Anerkennung (oder die Provision) zusteht, wenn eine Person an einer bestimmten Sache arbeitet. Damit wird auch die Reichweite eines Verkaufsleiters erhöht. Wenn Sie einen Verkaufsstab von zehn Mitarbeitern haben, können Sie an mehr Türen klopfen, als wenn Sie Teams losschicken. Kunden haben es auch lieber, wenn man eins zu eins Gespräche führt. Solche Beziehungen sind leichter und intimer, besonders langfristige, und es kommt selten zu Konfusionen, wer nun dies und das versprochen hat. Wenn man eins zu eins verhandelt, kann man sich normalerweise die Hand geben, wenn man sich einig ist und man weiß, dass alles so laufen wird, wie man es vereinbart hat. Eine dritte Person kann dabei nur stören.

Trotz allem bin ich ein großer Anhänger von Verkäuferpaaren geworden, statt sie alleine losgehen zu lassen. Es geht dabei nicht einfach darum, einen Neuen mit einem Erfahrenen zusammenarbeiten zu lassen, damit er lernt, wie das Geschäft funktioniert. Die Paarung von Erfahrung mit Unerfahrenheit ist eine naheliegende Kombination und sehr empfehlenswert, wenn neue Mitarbeiter schnell lernen müssen, wo es langgeht.

Ich spreche eher davon, dass wir Verkaufsleiter alle etwas cleverer darin sein sollten, wie wir die verschiedenen und scheinbar unterschiedlichen Elemente in unserem Verkaufsstab kombinieren.

Die erste Regel für Verkaufsleiter in dieser Hinsicht ist: Bleiben Sie im Hintergrund. Viele Verkäufer machen es den Verkaufsleitern einfach, sie als Team zusammenzustellen. Sie machen es selbst. Sie erkennen komplementäre Fähigkeiten und Qualitäten in einem Kollegen und ziehen sich gegenseitig an. Im Laufe der Jahre habe ich es erlebt, dass sich in unserem Unternehmen die unwahrscheinlichsten Verkaufsteams gebildet haben, jung mit alt, zugeknöpft mit extravertiert, kreativ mit lahm, lustig mit humorlos, weich mit schroff. Ich bin mir nicht sicher, ob sie bewusst diese Zusammenarbeit gewählt haben. Das funktioniert nicht so, dass sie eines Tages ankündigen, sie seien jetzt ein Team. Aber trotz ihrer verschiedenartigen Persönlichkeiten und Stile hat sie das Schicksal zusammengebracht und die Kombination passt. Sie verkaufen zusammen mehr als getrennt. Wenn das passiert, wäre ich verrückt, wenn ich eingreifen würde.

Die zweite Regel: Zwingen Sie Menschen nicht zusammen, es sei denn, Sie entdecken bei dem einen einen ernsthaften Makel, den der Partner korrigieren könnte. Der wahre Test, um Partner kreativ zu paaren, ist die Frage, ob die Kombination von eins plus eins mehr als zwei ergibt. Hier meine drei Lieblingskombinationen:

1. Der CEO und weitere Mitarbeiter

Im Tennis pflegte man zu sagen, dass das beste Doppelteam aus John McEnroe und wer auch immer zufällig sein Partner war bestand. McEnroe war so gut, dass er das Spiel seines Partners buchstäblich mit verbesserte.

Dasselbe gilt in den meisten Unternehmen. Das beste Verkaufsteam sollte aus dem Chef und einem weiteren Verkäufer bestehen.

Da mein Terminplan in den letzten Jahren immer voller wird, versuche ich, zumindest mit einer weiteren Führungskraft ein

Team zu bilden. Wenn ich versuche, einem leitenden Entscheidungsträger etwas zu verkaufen, ist es durchaus möglich, dass ich es selbst erledigen kann. Aber wenn ich eine jüngere Führungskraft mitbringe, nutzt das unserem Unternehmen mehr, als wenn ich allein hingehe. Mit dem CEO zusammen zu sein, erhöht die Statur und Glaubwürdigkeit des anderen. Wenn er an Treffen von Top-Managern teilnimmt, wird sein »Spiel« etwas erhöht. Und wenn ich ihn an irgendeinem Punkt des Treffens die Diskussion übernehmen lasse, vor allem an einem Punkt, wo er besser Bescheid weiß als alle anderen im Raum, steigert auch das seine Glaubwürdigkeit.

Der wahre Nutzen zeigt sich dann beim zweiten oder dritten Gespräch, das, wenn ich die jüngere Führungskraft richtig eingeführt habe, meine Anwesenheit gar nicht mehr erfordert.

Das ist der beste Grund, warum der CEO mit einem jüngeren Verkäufer ein Team bilden sollte: So hilft er diesem, besser allein zu verkaufen.

2. Der Superverkäufer und der Anwalt

Wenn man einen Anwalt zum Verkaufsgespräch mitbringt, erhöht das automatisch die Wichtigkeit des Treffens. Es bedeutet, dass es Ihnen mit dem Verkauf Ernst ist oder dass Sie sich wegen einiger juristischer Punkte Sorgen machen. Es führt auch dazu, dass die Beteiligten mit Versprechungen etwas vorsichtiger werden. In manchen Fällen kann es das Treffen auch beschleunigen, weil jeder sich bewusst ist, dass das »Taxameter« des Anwalts läuft.

Aber der beste Grund, um ein Team mit einem Anwalt zu bilden, ist, Ihren übermäßigen Verkaufsimpulsen Einhalt zu gebieten. Ich lernte das durch einen unserer begabteren Verkaufsmanager. Er war geistig äußerst beweglich und verfügte über hervorragende verbale Fähigkeiten. Steckte man ihn in einen Raum mit einem Interessenten, so konnte er ein faszinierendes Gewebe von Konzepten und Programmen spinnen, das den

Interessenten blendete. Leider gingen seine Brillanz und sein Enthusiasmus manchmal mit ihm durch und er versprach mehr, als er halten konnte. Folglich musste er manchmal mehr Zeit damit verbringen, uns von seinen Versprechungen zu lösen, als Dinge zu verkaufen. Das Problem verschwand, als wir ihn für größere Abschlüsse mit einem Anwalt losschickten. Es war die schöne Guter-Polizist-schlechter-Polizist-Routine. Wann immer die Fantasie mit ihm durchging, war der Anwalt da und brachte ihn auf den Boden der Tatsachen zurück, indem er ihn daran erinnerte, dass wir das nicht tun können. Mit dem Anwalt wurde er effektiver, denn er verbrachte nun mehr Zeit mit Verkaufen als damit, Versprechungen zurückzunehmen.

3. Fachleute für den Anfang und Fachleute für den Abschluss

Die größte Fähigkeit einiger Verkäufer liegt darin, die Aufmerksamkeit eines Käufers zu wecken. Auf gewisse Weise sind sie wie Marktschreier – ihr Job besteht darin, Kunden ins Zelt zu locken. Sie machen einen sehr guten ersten Eindruck, weil sie genug Rummel erzeugen, um das erste Treffen zustande zu bringen. Sie tendieren aber dazu, mit jedem Treffen schwächer zu werden, weil es ihnen an Substanz und Tiefe fehlt. Sie können gute Schlagzeilen schreiben, aber nicht den Text.

Es ist nicht allzu schwierig, diesen Typ von Verkäufer auszumachen. Sie analysieren seine Verkaufsgespräche und sehen, dass es weit mehr Gespräche als Abschlüsse gibt. Ich kann nachvollziehen, dass Verkaufsleiter dabei die Geduld verlieren und solche Mitarbeiter gehen lassen.

Aber ein wirklich effektiver Manager wird etwas anderes tun. Er wird anerkennen, dass es eine wertvolle Gabe ist, Kunden ins Zelt zu bringen. Und wird ihn mit einem Mann zusammentun, der detailorientiert ist und ihm helfen kann, mehr Abschlüsse zu machen.

Es ist, als ob man eine Fußballmannschaft managt. Sie werden wohl kaum einen guten Stürmer loswerden wollen, der nur in den ersten siebzig Minuten eine gute Leistung bringt. Stattdessen suchen Sie einen Ersatzstürmer, der auch in den letzten zwanzig Minuten für Gefahr im gegnerischen Strafraum sorgt. Keiner der beiden ist für sich allein das Gelbe vom Ei. Aber gemeinsam sind sie unschlagbar und holen den Sieg.

Wie man den wahren Verkaufshelden herausfindet

Bei jedem Verkauf gibt es vier Beteiligte: jemand, der das Ganze initiiert; jemand, der die Verhandlungen durchführt; jemand, der sie abschließt und jemand für den Service.

In der jüngeren Vergangenheit wurden diese Funktionen von einer einzigen Person erledigt. Das war der Verkäufer.

Aber im Zeitalter wachsender Spezialisierung, wo selbst kleine Anwaltsfirmen Partner haben, die Geschäfte hereinbringen, Assoziierte, die sie bedienen, und Experten, um vor Gericht zu gehen, ist es wohl unvermeidlich, dass auch der Verkaufsprozess unterteilt wird.

Daran ist nichts Falsches. Aber es kann darüber zu Verwirrungen kommen, wer denn nun der eigentliche Held der Transaktion ist.

Ist es jener, der die Tür öffnet, oder der, der sie zumacht? Oder sind es jene, die die Kleinarbeit leisten? Mit so vielen Helfern, wer bekommt da die Anerkennung und wie entschädigt man sie gerecht?

Das ist ein schwieriges Problem. In einer Dienstleistungsorganisation wie der unsrigen, wo das Verkaufen den größten Schatz des Unternehmens darstellt und nicht ein Produkt, das man aus der Tür tragen kann, ist das der Grund, warum wir keine Struktur für Verkaufsprovisionen haben.

Zum einen können wir ohne die Katastrophe gesplitteter Provisionen leben. Wichtiger ist aber, dass wir nicht wollen, dass sich die Mitarbeiter auf Kosten des Unternehmens auf ihr Territorium versteifen.

Verkäufer, die auf Provision arbeiten, haben die Neigung, für ihre Provisionen zu kämpfen. Sie bauen Wände um »ihren Abschluss« und verwenden enorm viel Energie darauf, Kollegen auf Distanz zu halten, statt Kunden zu bringen.

Das ist die menschliche Natur, denke ich. Wenn man gezwungen ist, im Wettbewerb zu stehen, konzentriert man sich zu sehr auf den Wettbewerb, statt auf die Arbeit.

Das passiert selbst dann, wenn man gar keine Provisionsstruktur besitzt. Wie andere Verkaufsorganisationen haben wir Manager, die darauf bestehen, alles selbst zu tun. Sie wollen allein sein. Sie wollen den Deal erst bekanntgeben oder jemanden daran beteiligen, wenn sie ihn völlig abgewickelt haben. Sie haben Angst, nicht die ganze Anerkennung zu erhalten. Ich darf gar nicht daran denken, wie oft sie besser daran getan hätten, um Hilfe zu bitten und einige der Talente aus dem Unternehmen zu nutzen.

Beim Aufbau einer Verkaufsorganisation müssen Sie die ganze Zeit über gegen diesen Impuls ankämpfen.

Sie müssen Ihre Mitarbeiter zwingen zu sagen: »Ich brauche Hilfe« – um des Unternehmens willen – und dann sicherstellen, dass die Hilfe verfügbar ist.

Sie müssen ihnen durch Anerkennung und Bestärkung zeigen, dass die Person, die ein zweiminütiges Gespräch führt, damit ein Verkauf in Gang kommt, genauso zum Gelingen beiträgt, wie jemand, der fünf Monate lang den Verkauf arrangiert.

Zuletzt müssen Sie ein Belohnungssystem schaffen, das sich weniger auf die Belohnung als auf gute Arbeit konzentriert. Je mehr Gewicht die Mitarbeiter auf eine finanzielle Belohnung legen, desto eher sind sie geneigt, nur das Minimum zu tun, um sie auch zu bekommen.

KAPITEL 7

Fortgeschrittene Techniken

Wie man ein »Duell« gewinnt

Vor ein paar Monaten fragte uns das Organisationskomitee einer größeren Sportveranstaltung, ob wir Interesse daran hätten, ihre Marketingrepräsentation zu übernehmen – das heißt, Sponsoren aus dem Unternehmensbereich für ihre Veranstaltung zu suchen und die Übertragungsrechte an Fernsehanstalten in der ganzen Welt zu verkaufen.

Das waren tolle Nachrichten. Die infrage kommende Veranstaltung ist ein Ereignis ersten Ranges. Sie verspricht hohe Einschaltquoten. Millionen von Dollar werden dabei eingenommen, ein Teil davon wäre unsere Provision. Es trafen sämtliche Kriterien für ein erstklassiges Sportereignis zu.

Schlecht daran war, dass wir nicht allein waren. Das Komitee hatte drei andere Unternehmen gefunden, die ebenfalls interessiert waren. Wir müssten mit den anderen in Wettbewerb treten, um den Deal zu machen, oder, wie es ein Ausschussmitglied nannte, »in ein Duell gehen«. Das Komitee machte deutlich, was es wollte, erklärte die Grundregeln für den Wettbewerb, gab uns einen Monat zur Vorbereitung und lud die vier Unternehmen dann nach Washington, D.C. ein, wo jeder von uns drei Stunden Zeit zur Vorstellung hatte.

Dieses Szenario kommt im Business immer wieder vor, egal, um welche Industriebranche es sich handelt. Wenn Sie in der Verkaufsbranche arbeiten, müssen Sie zu bestimmten Zeiten in den offenen Kampf mit Ihren Rivalen treten, um einen Kunden zu ergattern.

Es ist unvermeidlich, weil die Kunden es so wollen. Sie

schauen sich gerne mehrere Optionen an (das ist gutes Business). Sie haben es gerne, hofiert und umhegt (das schmeichelt) zu werden. Sie lieben die kostenlosen Ideen (das ist kosteneffizient). Sie mögen vielleicht sogar die momentane Macht, dass jemand von ihrem Wort und ihrer ultimativen Entscheidung abhängt (das gibt ihnen ein gottähnliches Gefühl).

Für einen Verkäufer ist ein Duell nicht immer so angenehm. Die Vorbereitung dafür kann zu den intensivsten, erheiterndsten und lohnenswertesten Momenten im Business gehören. Es kann aber auch unglaublich frustrierend und demoralisierend sein. Nachdem man wochenlang durchgehend gearbeitet hat und sein Bestes getan hat, stehen die Chancen gut, dass man nichts dafür erhält und ein anderer den Lohn kassiert.

In diesem Fall waren wir die Gewinner, teilweise deswegen, weil wir ein paar einfache Taktiken verwendeten, die jedem Verkäufer ein paar Wettbewerbsvorteile vor seiner Konkurrenz geben können.

1. Die persönliche Chemie kommt vor den Referenzen

Referenzen sind bei jeder Verkaufspräsentation sehr wichtig. Der anderen Seite zu sagen, wer man ist und was man vorher getan hat, ist wesentlich, um Glaubwürdigkeit und Wert aufzubauen. Aber diese Betonung auf Referenzen macht gegenüber einem gleichermaßen wichtigen Faktor blind, nämlich der persönlichen Chemie. Bevor man Ihre Präsentation mag, muss man Sie mögen.

Der Reflex bei den meisten Unternehmen, die einen großen Auftrag haben wollen, besteht darin, ihre schweren Geschütze aufzufahren, normalerweise den CEO und die zwei oder drei Top-Führungskräfte, als ob es irgendeine Symmetrie zwischen der Größe der Auftragssumme und dem Rang der Leute gibt, die darum buhlen. Sie vergessen, in Betracht zu ziehen, ob die schweren Geschütze überhaupt die qualifiziertesten Mitarbeiter für die Präsentation sind und ob ihre Persönlichkeiten überhaupt zum Kunden passen.

Ein Blick auf die Mitglieder des Komitees – alle klug, erfolgreich, kurzum: Aristokraten aus dem tiefen Süden – und wir wissen, dass sie eher auf einen Verkaufsleiter reagieren, der von Natur aus den südlichen Charme ausstrahlt, als auf einen schnell sprechenden Typen von der Ostküste, der das nicht könnte. Das ist gesunder Menschenverstand, aber es ist erstaunlich, wie häufig die Unternehmen das vergessen.

2. Weniger ist mehr

Je weniger Mitarbeiter Sie zur Präsentation schicken, desto besser stehen die Chancen, dass der Kunde Sie mag. Sie können Ihre zehn besten Mitarbeiter zur Präsentation schicken, neun machen hervorragende Arbeit, wenn aber der zehnte alles verpfuscht, weil er zu sorglos oder arrogant oder extravertiert ist, dann wird der Kunde genau darauf achten. Sie haben eine Schwachstelle und das ist Ihr Verhängnis.

Im Falle des Komitees trieben wir diese Logik ins Extreme. Während die drei anderen Unternehmen zumindest drei Leute inklusive CEO ins Rennen schickten, schickten wir nur einen Verkaufsleiter aus New York. Das war auch gut so.

Es konnte als unverschämt ausgelegt werden, aber es war auch aufrichtig. Hier, sagten wir, ist der Mann, der tatsächlich an dieser Sache arbeiten würde. Wir machten das Affentheater nicht mit, ein hohes Tier zu senden, um unser Angebot in den Ring zu werfen (wie unsere Konkurrenz) und dann die Alltagsaktivitäten an irgendwelche Speichellecker zu delegieren. Die Kunden durchschauen diese Taktik in dem Moment, da Sie in den Raum treten.

Noch wichtiger, dadurch hatte unser Mann drei Stunden ganz allein mit dem Komitee. Unvermeidbar konzentrierten sie sich ganz auf ihn. Als sie ihn baten, über sich zu sprechen, verwendete er 20 Minuten, um über seine Schulzeit, seinen Hintergrund

und seine Erfahrung zu berichten. Das schuf ein Band zwischen ihm und dem Komitee. Ich bezweifle, dass dieselbe Diskussion aufgekommen wäre, wenn wir ein ganzes Team geschickt hätten.

Ich habe immer gesagt, dass die besten Treffen eins zu eins sind, weil Ablenkungen und persönliche Konflikte auf ein Minimum reduziert werden. Eine Führungskraft diesem Komitee gegenüberzustellen war die einzige Möglichkeit, diesem Ideal nahe zu kommen.

3. Konzentration auf eine Idee

Der schlechteste Weg, um sich in diesem ersten großen Treffen zu verkaufen, ist der Versuch, den Kunden mit einer Menge von Konzepten zu überschütten, als ob dies ein Beweis für Ihre Originalität und Tiefe wäre. Sie verwirren nur den Kunden und komplizieren die Angelegenheit.

Sie sollten sicherlich versuchen, den Kunden mit dem zu verblüffen, was Sie in der Vergangenheit getan haben, aber machen Sie das schnell. Mit den bisherigen Erfolgen unseres Unternehmens wären wir verrückt, wenn wir nicht unsere Zusammenarbeit mit der Nobelstiftung, der NFL, der NHL, Itzhak Perlman, Wimbledon, Wayne Gretzky oder Joe Montana erwähnen würden. Das sind große Namen, die gut ankommen. Aber darauf herumzureiten wäre wiederum irritierend.

Kunden werden, wie ich herausgefunden habe, sehr ungeduldig, wenn sie Verkäufern zuhören müssen, die mit ihren Triumphen prahlen. Sie wollen erfahren, was man für sie tun kann und nicht, was man für einen anderen getan hat.

Es ist, als ob man in einem Restaurant mit einer 60-seitigen Weinkarte ist. Ein kluger Weinkellner wird sicherlich die Weinkarte zeigen, um Sie sehen zu lassen, wie umfangreich, vielfältig und exzellent sie ist. Aber er weiß auch, dass die Gäste möchten, dass er sich auf die Weine konzentriert, die für ihr Essen die geeignetsten sind.

4. Reizen Sie die Konkurrenz nicht, solange Sie sie nicht sicher schlagen können

Egal, welches Gefühl Sie gegenüber Ihrer Konkurrenz haben, machen Sie die Diffamierung derselben nicht zu einem integralen Bestandteil Ihrer Präsentation. Sie wissen nie, wie der Kunde das aufnimmt, vielleicht sind die Konkurrenten seine Freunde.

Sie können das nur tun, wenn die Konkurrenten sich eines ungeheuerlichen oder unehrenhaften Verhaltens schuldig gemacht haben und Sie sicher sind, dass die Eröffnung dieser Tatsachen sie aus dem Rennen wirft. Aber der Rückgriff auf Verallgemeinerungen wie »sie sind nicht so gut, wie sie sagen«, macht Sie zum Kleingeist – und wird mehr Zweifel an Ihnen wecken als an Ihrer Konkurrenz.

5. Benutzen Sie Empfehlungsschreiben

Der beste Weg, um sich selbst zu loben, ist, dass man es andere für einen machen lässt – mit einer Referenz oder unaufgeforderten Empfehlungsschreiben.

In diesem speziellen Fall hatten wir einige Jahre vorher bei einem ähnlichen Ereignis einen hervorragenden Job gemacht. Wir mussten nur wenig nachhelfen, damit der Direktor dieser Veranstaltung beim Komitee anrief und ihnen von unseren Leistungen erzählte.

Ich erwähne diesen Punkt zuletzt, das soll aber nicht heißen, dass er der unwichtigste ist. Hinterher habe ich gehört, es sei mitentscheidend dafür gewesen, dass wir den Zuschlag erhielten.

Auch einflussreiche Menschen müssen beeinflusst werden

In jeder Verkaufssituation sind die idealen Umstände dann gegeben, wenn Sie mit dem ultimativen Entscheidungsträger eins zu eins verhandeln können, wenn kein Vertreter von außen bei der Diskussion zugelassen ist, um Sie beide abzulenken.

Leider ist es sehr schwierig, diese idealen Bedingungen zu erreichen. Immer gibt es irgendwelche Mittelsmänner, Vermittler, Broker, Schmarotzer, Ehepartner, Geschwister, Eltern, Ratgeber, Kollegen, Teilhaber, Anwälte, Buchhalter und Consultants, die sich in die Diskussion einmischen und Sie auf irgendeine Weise daran hindern, Ihre Arbeit zu tun.

Wie Sie mit diesem Eindringling, diesem einflussreichen Menschen von außen umgehen, sagt viel über Ihren eventuellen Erfolg als Verkäufer und Verhandlungsführer aus. Fakt ist, dass Sie diese Eindringlinge nicht zu jeder Zeit ignorieren oder bekämpfen können. Manchmal müssen auch einflussreiche Personen beeinflusst werden.

In unserer Branche mit Klienten ist es zum Beispiel äußerst wichtig, auf die internen Beziehungen zwischen Ehemännern und Ehefrauen zu achten. Es überrascht wohl nicht, dass Ehepartner die allgegenwärtigsten und damit einflussreichsten Personen im Leben eines Athleten sind. Und obwohl sie die besten Absichten haben, mischen sie sich auf eine Art und Weise in Deals und Projekte ein, die im Kontrast zu unseren Zielen und manchmal auch zu den Interessen ihrer Ehepartner steht.

Wir hatten einmal einen Fall, wo ein Ehemann, der ein langjähriger Klient war, eine Frau geheiratet hatte, die meinte, in einem Bereich unseres Geschäfts über gewisse Erfahrungen zu verfügen. Sie behauptete gegenüber ihrem Mann, dass wir einen seiner TV-Abschlüsse unkorrekt durchgeführt hätten. Es gelang ihr, ihn gegen uns aufzubringen. Wir glaubten, korrekt gehandelt zu haben und führten mehrere Gespräche mit ihm, bei denen wir versuchten, die Sache beizulegen und zu einem Kompromiss zu kommen.

Schließlich nahm er mich beiseite und sagte: »Wir sind jetzt an einem Punkt, wo es eine Sache des Stolzes zwischen mir und meiner Frau geworden ist. Ich kann ihr erst wieder ins Gesicht sehen, wenn ich die Wiedergutmachung erhalte, die ich ursprünglich haben wollte – auch wenn ich sehe und denke, dass Ihre Position wahrscheinlich in Ordnung ist.«

Weil er ein langjähriger Klient war und wir seine Freundschaft erhalten wollten – und weil wir niemals seine Freundschaft wiedergewinnen würden, wenn wir in irgendeiner Weise dafür verantwortlich wären, seine Ehe durcheinandergebracht zu haben – gaben wir ihm, was er wollte.

Das ist eine Möglichkeit, um mit einflussreichen Personen von außen umzugehen – ihnen nachzugeben. Manchmal ist es der einfachste und vorsichtigste Weg. Aber ich würde es nicht grundsätzlich empfehlen. Wenn Sie zu oft nachgeben, tut jeder mit Ihnen, was er will.

Genauso wenig empfehle ich das andere Extrem: den Angriff. So häufig in unserem Geschäft, wenn der junge Athlet beginnt, sich mit der Frau zu treffen, die ihn auf die eine oder andere Art beeinflusst – ob es sich dabei um das Geschäft oder Investitionen oder den Lebensstil oder Autos, Drogen oder die Frage, welches Turnier er in der dritten Aprilwoche spielen sollte, handelt –, wäre der normale Impuls, dem Klienten zu sagen, dass sie nicht weiß, wovon sie spricht. Und der Klient stimmt vielleicht zu und sagt: »Keine Sorge, ich kümmere mich darum.«

Aber mit der Zeit, wenn die Beziehung enger wird und diese neue Frau immer mehr Einfluss auf ihn gewinnt, müssen Sie die Beziehung sorgfältig beobachten. Es wird die Zeit kommen, da überschreiten Sie eine Grenze. Es geht nicht länger, diese Frau zu attackieren, weil sich der Klient gezwungen fühlt, sie zu verteidigen, oder schlimmer noch, er glaubt tatsächlich, dass sie Recht hat. (Ganz nebenbei, das ist hier kein sexistisches Thema, wo es darum geht, dass Frauen das Urteilsvermögen der Männer trüben. Im Gegenteil, Ehemänner und Freunde von weiblichen Athleten sind normalerweise sehr viel aufdringlicher als Ehefrauen und Freundinnen von männlichen Athleten.)

Es gibt einen dritten Weg, der sehr viel effektiver ist: Beeinflussen Sie die beeinflussende Person. Seltsamerweise ziehen die meisten das nie in Erwägung. Sie konzentrieren sich so sehr auf den Entscheidungsträger, dass sie vergessen, wie sehr der Entscheidungsträger die Ansichten von Menschen in seinem Umfeld schätzt. Diese Menschen aus dem Umfeld zu ignorieren ist ein Fehler. Auf sie zu achten bedeutet ungewöhnliche Brillanz.

Das Erste, was Sie verstehen müssen, ist das Prinzip des Klüngels.

Die meisten Persönlichkeiten des Sports haben einen Klüngel von Anhängern um sich, die nichts Besseres zu tun haben, als herumzuhängen und mit dem Starathleten in Verbindung gebracht zu werden. Sie bewundern den Star, essen mit ihm zu Abend, reisen mit ihm und kommen möglicherweise sogar auf seine Gehaltsliste, um ihn weiter zu bewundern, mit ihm zu essen und mit ihm zu reisen. Die Stars mögen das. Sie mögen jemanden um sie herum, der sie anbetet und alles tut, was sie sagen. Wenn dieser Herumhänger dem Star immer sagt, wie groß er ist, ist es nur natürlich, dass der Star ihm auch dann zuhört, wenn es um Meinungen bezüglich der Karriere und der geschäftlichen Angelegenheiten des Stars geht.

In anderen Lebensbereichen ist es genauso. Jeder Entscheidungsträger hat einen Klüngel, ob er nun Politiker oder Kinostar oder CEO oder einfach ein erfolgreicher Manager ist. Leute, die Macht haben, tendieren dazu, sich mit Menschen zu umgeben, die ihnen das Gefühl der Macht vermitteln. Und dieser Klüngel hat Einfluss.

Als Zweites müssen Sie abschätzen, wie viel Zugang Sie zum Entscheidungsträger haben. Weniger oder mehr als der Klüngel um ihn herum?

Wenn man die Konkurrenz eines Klüngels spürt, ist es die normale Tendenz, diesen ausschalten oder diskreditieren zu wollen. Das ist in Ordnung, wenn Sie über die Zeit verfügen, eine solche Kampagne durchzuziehen und wenn Sie zum Star mehr Zugang haben als die Herumhänger. Aber normalerweise ist das nicht so. Sie kommen in die Einflusssphäre hinein und verlassen sie wieder. Der Herumhänger ist immer da.

Im Geschäftsleben ist es vergleichbar mit dem Umgang mit einem CEO, den Sie gut kennen und der Sie respektiert. Aber der CEO hat eine Nummer 2, die Sie als Narren betrachtet. Wenn Sie immer mit dem CEO beisammen wären, könnten Sie die Nummer 2 möglicherweise neutralisieren oder entfernen. Aber Sie sind nicht die ganze Zeit da. Und die Nummer 2 ist es. Im Laufe der Zeit werden Sie den Kampf um das Herz und den Geist des CEO verlieren, denn jedes Mal, wenn Sie den CEO verlassen, wird diese Nummer 2 da sein, ihre Position darlegen und die Ihre in der Luft zerreißen. In diesem Moment ist es besser, die Nummer 2 auf Ihre Seite zu bekommen, selbst wenn Sie diese Person nicht respektieren und lieber entfernen würden.

Genauso ging eine unserer Führungskräfte vor, als wir ihn vor ein paar Jahren baten, das Management für einen unserer Athleten zu übernehmen. Der Athlet lehnte unseren Mann zunächst ab, vor allem weil er dachte, er wäre keine Spitzenkraft. Die Aufgabe unseres Mannes bestand erst einmal darin, den Athleten davon zu überzeugen, dass er mindestens so gut wie sein Vorgänger war, wenn nicht besser.

Sein Ansatz war sehr geschickt. Statt seine Zeit damit zu verschwenden, die Skepsis des Athleten zu überwinden, machte er drei Personen im Klüngel des Athleten aus (seine Frau und zwei Freunde) und begann, seine Kompetenz an ihnen zu beweisen. Das dauerte zwei Jahre, aber als diese drei die Qualitäten unseres Mannes gegenüber dem Athleten immer wieder lobend hervorhoben, glaubte schließlich auch der Athlet daran. Seitdem gedeiht die Beziehung.

Erinnern Sie sich an diesen Ansatz, das Einflussfeld zu beeinflussen, wann immer Sie mehr als zwei Menschen von Ihrer Position überzeugen müssen. Wenn Sie eine Person überzeugen können, dann haben Sie gute Chancen, dass die anderen folgen.

Das mutigste Beispiel für diesen Ansatz lieferte der Direktor eines Herrentennisturniers an der Westküste. Eines der größten Probleme bei der Durchführung eines Tennisturniers ist, dass es leicht ist, Topspieler zu bekommen, wenn das Preisgeld attraktiv ist. Es ist sehr viel schwieriger, sie im folgenden Jahr wieder zu bekommen. Aber Sie müssen dafür sorgen, dass die Spieler wiederkommen, damit das Turnier ein Profil erhält und um die Loyalität Ihrer Kunden zu erhalten.

Der Turnierdirektor hatte ein begrenztes Promotionbudget und war in dem Dilemma, wie er es ausgeben sollte. Er hatte nicht genug Geld, um effektiv im Fernsehen und in den Zeitungen zu werben. Statt das Geld für Werbung auszugeben, verwendete er es, um die Frauen und Freunde der Spieler zu unterhalten, die er die ganze Woche bewirtete und verwöhnte. Am Ende der Woche, als er eine Gruppe von Spielern fragte, ob sie im nächsten Jahr wiederkommen würden, sprangen alle Frauen auf und versicherten: »Dieses Turnier lassen wir auf keinen Fall aus.«

Es zahlt sich nicht immer aus, alles leicht aussehen zu lassen

Im Dienstleistungsgeschäft, wo man vor allem seine Zeit und sein Talent verkauft, gibt es ein interessantes Paradox: je mehr Talent und Fähigkeiten Sie besitzen, desto mehr können Sie für Ihre Dienstleistungen verlangen. Und, je mehr Talent Sie haben, desto weniger Zeit kostet es Sie, die Dinge zu tun. Sie denken vielleicht, es sei der Idealzustand, wenn man die Dinge schnell erledigt und dafür eine Prämie bekommt.

Aber nur weil Sie Dinge problemlos und schnell machen können, heißt das noch lange nicht, dass der Kunde dafür eine Prämie bezahlt. Tatsächlich berücksichtigen viele Kunden gar nicht den Wert einer Dienstleistung, die so leicht zu bewerkstelligen war. Das ist das Paradox: Wenn Sie das Problem eines Kunden an einem Tag lösen können, wofür eine weniger begabte Person drei Wochen benötigt – in einer vernünftigen Welt würden Sie Ihren Preis nennen und der Kunde würde ihn glücklich bezahlen. Aber so funktioniert es eben meistens nicht. Viele Kunden messen Ihren Diensten einen höheren Wert bei, wenn es schwierig scheint, die Dienstleistung zu liefern. Anstrengung zählt bei ihnen mehr als Effektivität. Sie wollen erst dann bezahlen, wenn sie Sie schwitzen sehen.

(Dasselbe habe ich beim Sport erlebt. Der Tennischampion Pete Sampras hat so einen wunderbaren, ökonomischen Stil, dass angeblich intelligente Fans manchmal seine Bemühung und seinen Siegeswillen infrage stellen. Sampras beschreibt seine augenscheinliche Nachlässigkeit so: »Wenn ich gewinne, sehe ich aus wie ein Genie, wenn ich verliere, wie ein Betrunkener.« Keiner, der seine Leistungen bei den Australian Open 1995 gesehen hat oder ihn kennt, würde jemals seinen Siegeswillen und seine Begeisterung infrage stellen. Aber die Menschen sind enttäuscht, wenn sie nicht die Anstrengung spüren können.)

Bestimmt machen auch wir uns dieses Denkens schuldig. Wenn mit unserem Auto etwas nicht stimmt, würden wir nicht davor zurückschrecken, einem Mechaniker 1000 Dollar zu bezahlen, der drei Tage damit verbracht hat, den Motor auseinanderzunehmen, um das Problem zu entdecken. Aber was ist, wenn ein erheblich talentierterer Mechaniker das Problem in 30 Minuten löst? Würden wir immer noch 1000 Dollar bezahlen, obwohl das Ergebnis das gleiche ist?

Viele Branchen werden von dieser besonderen Kundenhaltung nicht berührt. Wenn Sie einen Versandhandel betreiben und haben immer die besten Waren auf Lager und können die Lieferung innerhalb eines Tages garantieren, dann bezahlen Kunden gerne ein kleines Extra für Ihr Sortiment. Es ist ihnen egal, wie viel Anstrengung das Ganze kostet. Wenn Ihr Restaurant beständig das beste Essen in der Stadt hat, werden die Kunden

Schlange stehen und auch viel bezahlen, um hier zu essen. Es ist ihnen egal, dass Sie jeden Morgen um vier Uhr aufstehen, um die frischesten Fische auf dem Markt zu bekommen. Solange das Essen gut ist, kümmern sie sich um Ihre Bemühungen überhaupt nicht.

Das ist beim Geschäft mit persönlichen Dienstleistungen anders, wo Sie nichts als Ratschläge liefern. Die Klienten sind dabei sehr daran interessiert, wie sehr Sie sich für sie anstrengen. Sie lassen das ganze Talent und die ganze Erfahrung, die Ihren Rat so wertvoll machen, unberücksichtigt und zahlen eine Prämie für hartes Arbeiten. Deshalb ziehen sie es in so vielen Personaldienstleistungsgewerben wie zum Beispiel Justiz und Consulting vor, pro Stunde zu bezahlen. Folglich ziehen Anwälte alles in die Länge, umso viele anrechenbare Stunden wie möglich zu erhalten.

Nach einer Weile erfahren Sie die schreckliche Nachricht: Es zahlt sich nicht aus, alles, was man tut, leicht aussehen zu lassen.

Sie können dieses schädliche Denken bekämpfen, wenn Sie Ihren Job härter aussehen lassen, als er in Wirklichkeit ist. Es kommt schon mal vor, dass ein Kunde mich anruft, der ein Problem hat und die Lösung liegt mir auf der Zunge. Ich muss mir bei bestimmten Kunden buchstäblich auf die Zunge beißen, weil ich weiß, dass sie eine solch schnelle Lösung nicht würdigen. Ich erzähle ihnen, dass ich auf sie zurückkomme. Dann warte ich ein paar Tage oder Wochen, bevor ich ihnen den Rat gebe – weil ich weiß, dass sie ihn nur dann auch entsprechend honorieren. Es ist eine dumme Routine, aber manche Kunden zwingen mich dazu.

Besser wäre es, diesen Kunden klarzumachen, wofür sie eigentlich zahlen. Manchmal erfordert das etwas Kreativität.

Vor einigen Jahren wurden wir von einem CEO eines Unternehmens in San Antonio, Texas, angeheuert, um eine Sportveranstaltung zur Feier des hundertsten Jahrestages von Alamo zu organisieren. Die Veranstaltung musste die sehr speziellen Marketingziele des CEO abdecken und so attraktiv sein, um im

Fernsehen gezeigt zu werden. Wir schlugen ein Rennen mit den weltbesten Meilenläufern vor. Als wir dem CEO das Konzept unterbreiteten, wollte er einen Kostenvoranschlag.

Die Gesamtkosten betrugen 200 000 Dollar – 150 000 Dollar für die Werbezeit im Fernsehen und 50 000 für uns, für die Stadt, die Verwaltungsorgane und die Fernsehgesellschaft, um die Veranstaltung zu unterstützen.

Der CEO stellte unseren Mann wegen der 50 000 Dollar Gebühr zur Rede. »Warum soll ich so viel bezahlen?«, fragte er. »Alles, was Sie taten, war, drei Telefongespräche zu führen.«

Unser Mann nahm drei Vierteldollarstücke aus der Tasche und legte sie auf den Tisch. Er schaute dem CEO geradewegs in die Augen und sagte: »Hier haben Sie 75 Cents. Sparen Sie sich 49 999 Dollar und 25 Cents. Machen Sie die drei Anrufe selbst.«

Wenn der CEO der ganzen Fantasie und dem ganzen Einfluss, die in unseren Vorschlag eingingen, bevor wir uns trafen, nicht genügend Wert beimaß, so tat er es sicherlich nach dem Kunststück unseres Mannes mit den drei Vierteldollar-Stücken. Er zahlte die Gebühr anschließend gerne.

KAPITEL 8

Wie sich das Verkaufen verändert hat (und wie es nie sein wird)

Egal, wie ausgeklügelt wir an die Kunst herangehen, Menschen zu überzeugen, unser Produkt oder unsere Dienstleistung zu kaufen, Verkaufen wird immer von folgenden Dingen abhängen:

- ein Bedürfnis herausfinden,
- sein Produkt kennen,
- an sein Produkt glauben,
- viele Menschen sehen,
- um den Auftrag bitten.

Es ist hart, darum zu streiten. Die meisten Verkäufer haben eine Technik oder einen Code, der im Grunde nichts anderes ist als eine Variante dieser fünf Themen. Der eine Verkäufer legt mehr Gewicht auf die Suche nach dem Kunden (ein Bedürfnis herausfinden). Ein anderer klopft an mehr Türen als andere (viele Menschen sehen). Ein weiterer ist Spezialist für Abschlüsse (um den Auftrag bitten). Aber der Code ändert sich nicht.

Aber Verkäufer machen sich etwas vor, wenn sie nicht hin und wieder ihre Verkaufsmethoden und sogar ihre innersten Überzeugungen überdenken. Kunden und Kaufgewohnheiten verändern sich ständig. Verkäufer sollten es auch tun.

In den letzten Monaten hat sich der Sport- und Unternehmensmarkt derart verändert, dass ich gezwungen war, meine innersten Überzeugungen über das Management eines Verkaufsstabes neu zu bewerten.

Wenn wir zum Beispiel ein neues Büro in einem fremden Land eröffneten, folgten wir immer absolut strikten Regeln:

1. Der erste Angestellte musste ein Verkäufer sein, weil nur ein Verkäufer die Einnahmen erzielen konnte, um das Büro zu rechtfertigen.
2. Dieser Verkäufer sollte aus dem Land stammen, weil er die Sprache spricht, die Kultur kennt, weiß, was im Sportbereich in und was out ist. Ein Einheimischer hat einen Ruf und einen bestimmten professionellen Stand im Land. Solche Attribute sind für ein neues Büro vom ersten Tag an sehr wertvoll.

Im Laufe der Jahre, als wir nacheinander Büros in nicht englischsprachigen Städten wie Mailand, Paris, Brüssel, Stockholm, Tokio, Budapest, München, Barcelona und so weiter eröffneten, blieben wir diesen Prinzipien treu. Jedes dieser Büros wird von einem Einheimischen geleitet.

Aber die unglaublichen Veränderungen in der Weltwirtschaft haben uns dazu gebracht, das Prinzip, nur Einheimische einzustellen, zu überdenken. Ich bemerkte das, als ich 1994 unser neues Büro in Buenos Aires besuchte, das von einem Amerikaner namens Vincent Burniske geleitet wurde. Burniske war nicht die erste Wahl, aber wir gaben ihm den Posten aus verschiedenen Gründen. Zum einen wollte er den Job wirklich haben und drückte das auch in einem beeindruckenden Brief aus. Für ihn sprach auch seine Verkaufserfahrung. Er kannte sich im Sport aus. Er fühlte sich in fremden Ländern wohl und hatte viel Zeit an exotischen Orten mit der Organisation von Veranstaltungen verbracht. Er kannte sich mit den zahlreichen Projekten unseres Unternehmens aus. Seine einzigen Nachteile waren, dass er kein Argentinier war und nicht Spanisch sprach. Normalerweise waren das schwerwiegende Nachteile, aber es war schwer, seinem Enthusiasmus etwas entgegenzusetzen.

In Buenos Aires erfuhr ich, dass Burniskes Status als Ausländer tatsächlich eher für ihn statt gegen ihn sprach. Von dem Moment an, da er eintraf, verpflichtete er sich, mehrere Stunden am Tag Spanisch zu lernen. Er sog auch die einheimische Kultur begeistert in sich auf. Damit gewann er die Zuneigung der einheimischen Geschäftsleute. In Argentinien will man sehen, dass Sie die Sitten und die Kultur lieben. Man will sehen, dass Sie bleiben und nicht nur durchfahren. Man will sehen, dass Sie sich abmühen, ihre Sprache zu lernen (und man zieht bestimmt ungelenkes Spanisch der Vorstellung vor, jeder müsse Englisch sprechen können).

In dieser Hinsicht hat sich das Verkaufen verändert. In einer weltweit vernetzten Wirtschaft, wo jeder leicht mit dem anderen kommunizieren kann und Sprache und Kultur nicht mehr länger unüberwindbare Hürden sind, können Sie jemanden entwurzeln, ihn in ein fremdes Land schicken und er kann dort durchaus effektiv sein.

Was sich allerdings nie ändern wird, und das gilt, ob man Einheimischer oder Ausländer ist, ist die Tatsache, dass man Beziehungen aufbauen muss, bevor man verkaufen kann. Mit seinen tapferen Bemühungen, ein Einheimischer zu werden, macht unser Mann in Buenos Aires genau das. Die Abschlüsse werden folgen.

Eine tiefgreifendere Veränderung hat sich allerdings bei den Kaufgewohnheiten unserer großen Unternehmenskunden vollzogen. Die Unternehmen lassen sich nicht länger durch unsere Sportkonzepte blenden. Sie interessieren sich nur für den finanziellen Nutzen, den sie daraus ziehen können. Diese Veränderung ist nicht über Nacht passiert. Wir haben es seit Jahren vorausgesehen.

Wenn wir eine Sportbeteiligung an ein Unternehmen verkauften, war die Einzigartigkeit einer Sportveranstaltung unser größter Vorteil. Das bildete den Hintergrund, um unsere Form der modernen Werbung zu benutzen: Wenn Sie ein Golfturnier sponserten, wurde der Name Ihres Unternehmens nicht nur mit einem nationalen Ereignis in Verbindung gebracht, sondern Sie erhielten auch ein Gästezelt bei der Veranstaltung, wo Sie bestimmte Kunden und Freunde unterhalten konnten. Alle möglichen Wimpel, Transparente und Banner wurden rund um den Platz angebracht, die im Fernsehen sichtbar waren. Sie konnten die Veranstaltung benutzen, um Geld für die Wohlfahrt zu sammeln. Dadurch, dass Sie ein Golfturnier in die Stadt brachten, konnte Ihr Unternehmen als eines begriffen werden, das seiner Stadt etwas zurückgibt.

Jedes Detail einer Golfsponsorenschaft hatte einen Wert für ein Unternehmen. Keiner erwartete allerdings, dass dadurch mehr Kundschaft in die Kaufhäuser des Sponsors kam oder mehr Produkte des Sponsors verkauft wurden. Dafür hatten die Unternehmen traditionell die Medien. Sie konnten Werbesendungen im Fernsehen zeigen oder platzierten Anzeigen in Zeitungen und Zeitschriften.

Jahrelang konzentrierten wir uns darauf, Sportsponsorenschaften an die Gemeinschaft der Unternehmen zu verkaufen. Wenn der Präsident einer Zahnpastafirma Golf liebte, konnten wir ihm zeigen, wie er sich im großen Stil am Golf beteiligen konnte. Dann läge es an ihm und seinen Marketingexperten, diese Beteiligung zu benutzen, um mehr Zahnpasta zu verkaufen. Wir gingen davon aus, dass wir uns im Sport auskannten und sie sich bei der Zahnpasta.

Aber die Zeiten haben sich verändert. Die Grenzen zwischen traditionellen und modernen Medien verschwimmen mit jedem Tag mehr. Der Sport wird immer mehr von Werbung überschwemmt. Das sorgt für mehr Verwirrung bei den Unternehmen und zwingt uns Verkäufer, leitend einzugreifen. Sie lassen sich von einzelnen Details der Veranstaltung nicht mehr so sehr beeindrucken – Transparente, Gästesuiten, Geld für die Wohlfahrt. Sie wollen, dass wir ihnen zeigen, wo für sie der Nutzen bei der ganzen Sache liegt. Sie wollen Dollar für Dollar den Ertrag des investierten Kapitals sehen. Es reicht nicht mehr, dass wir ihnen helfen, am Sport beteiligt zu werden. Wir müssen ihnen jetzt helfen, Geld dabei zu verdienen.

Diese Entwicklung erfordert offensichtlich eine Veränderung unserer Verkaufstechnik. Wir sind nicht länger nur die Verkäufer einer Dienstleistung, sondern werden zu Partnern des Kunden. Es reicht nicht mehr, ihm unser Produktangebot zu zeigen und ihn wählen zu lassen. Wir müssen ihm auch zeigen, wie er das meiste aus dem Produkt herausholen kann.

Die große Veränderung dabei ist, dass der Kunde diese Art der Partnerschaft zu verlangen scheint.

Solche Partnerschaften zu schmieden wird Ihnen aber, und das verändert sich nie, niemals zum Nachteil gereichen. Solche Partnerschaften sind das Wesen des Verkaufens.

KAPITEL 9

Wie hoch ist Ihr Verkaufs-IQ?

Nun wollen wir sehen, was Sie gelernt haben. Wie würden Sie mit den folgenden hypothetischen Annahmen umgehen, die einige der dornenreichen Situationen beim Verkaufen abdecken?

Nicht schlecht, nur schlecht zugewiesen

F: Sie haben kürzlich von einem Kollegen, der sich in den Ruhestand begeben hat, drei größere Kunden übernommen. Innerhalb von sechs Monaten haben Sie einen verloren und die Geschäfte mit den anderen sind um die Hälfte zurückgegangen. Sie stehen vor einem Rätsel. Sie sind einer der Topverkäufer des Unternehmens (deshalb haben Sie vor allen anderen die Kunden erhalten) und die Geschäfte mit Ihren anderen Kunden gedeihen prächtig. Haben Sie Ihren Instinkt verloren?

A: Sie sind kein schlechter Verkäufer. Sie sind schlecht zugewiesen worden. Zwischen Ihrem Vorgänger und den Kunden gab es eine bestimmte stimmige Chemie, die Ihnen abgeht. Das ist nicht Ihr Fehler, sondern der Ihres Verkaufsleiters, weil er es nicht erkannt hat. Bitten Sie um eine Neuzuweisung, bevor Sie Ihrem Unternehmen, Ihren Kunden und Ihrer Karriere noch mehr Schaden zufügen.

Zum Ersten, zum Zweiten und zum Dritten

F: Wann immer es möglich ist, wollen Sie eine Auktionsatmosphäre zwischen den Wettbewerbern, die für Ihr Produkt bieten, aufbauen. Das sichert Ihnen einen mehr als fairen Preis zu. Gibt es dabei auch Nachteile?

A: Zum einen müssen Sie darauf achten, dass es zwischen den Bietern nicht zur Kollision kommt. Selbst die härtesten Konkurrenten werden zurückschrecken, wenn sie glauben, das Bieten sei selbstzerstörerisch. Dann kann es dazu kommen, dass sie sich gegen Sie verschwören. Trotz gesetzlicher Einschränkungen in vielen Ländern können Sie es feststellen, wenn sich Unternehmen zusammentun, um einen bestimmten Preis nicht zu überschreiten oder von bestimmten ausgewählten Besitztümern die Hände wegzulassen. Es ist schwierig, diese stillschweigenden Übereinkommen zu beweisen.

Eine noch offensichtlichere Gefahr: Sie können nur immer wieder zu demselben Bieter zurückkommen, um mehr Geld zu verlangen, wenn Sie ihn noch nicht verärgert haben. Einen Verkauf auf einen Höchstpreis zu treiben lohnt sich nicht, wenn Sie dadurch einen langjährigen Kunden verlieren. In solchen Fällen versuchen wir, eine neue Komponente mit einzubringen – einen längeren Vertrag, zusätzliche Dienstleistungen, mehr zeitliche Verpflichtungen des Athleten usw. Das gibt dem Bieter das Gefühl, dass er auch mehr erhält, wenn er mehr bezahlt. Noch besser ist es, wenn dadurch eine neue Runde beim Bieten entsteht.

Wie lange dauert ein Verkauf?

F: Sie haben sechs Monate lang an einem großen Kundenkontakt gearbeitet. Nach zehn Treffen haben Sie den Verkauf immer noch nicht abgeschlossen. Ihr Chef wird ungeduldig. Wann geben Sie auf? Wie lange sollte ein durchschnittlicher Verkaufsprozess dauern?

A: Theoretisch benötigen Sie mindestens drei Besprechungen mit dem Kunden, bevor es zum Abschluss kommt. Das erste, damit Sie sich selbst über den Kunden kundig machen können, das zweite, damit sich der Kunde kundig machen kann und das dritte, um die eigentliche Sache zu behandeln. (Immer, wenn wir einen schnellen Verkauf gemacht haben, dann deshalb, weil wir den Kunden schon gekannt haben, unser Konzept heiß war oder einfach aus Glück.)

In der Realität erfordern erfolgreiche Verkäufe aber mehr als drei Besprechungen. Angesichts der Tatsache, dass viele Treffen den Charakter von Jagdausflügen haben – wo Sie Ihre Verkaufstechnik verbessern, während Sie nach dem geeigneten Entscheidungsträger suchen –, sind Ihre sechs Monate mit zehn Treffen nicht so außergewöhnlich. Tatsächlich sollten Sie sich die Frage stellen: Machen wir bei jedem Gespräch Fortschritte? Wird das Konzept für eine aufnahmebereitere Zuhörerschaft vorwärts gebracht und verfeinert? Nähern wir uns dem Abschluss?

Der langwierigste Abschluss, den ich je getätigt habe, dauerte acht Jahre. In den ersten sieben Jahren hatte ich keine Ahnung, was ich diesem riesigen multinationalen Konzern überhaupt verkaufen sollte und ich habe das Thema auch nicht unnötig forciert. Doch je mehr ich über sie erfuhr, desto mehr war ich überzeugt, dass wir zusammenarbeiten sollten. Und mit jedem Jahr, das verstrich, glaubten auch sie das. Schließlich hatten wir im achten Jahr ein Golfkonzept, das perfekt zu ihnen passte – und sie kauften es.

Das sagt mir zweierlei über langwierige Abschlüsse: 1. In den ersten sieben Jahren wussten wir nicht genug über den Kunden, um das richtige Konzept zu entwerfen. 2. Hätten wir die Idee früher vorgeschlagen, hätte der Kunde nicht genug über uns gewusst, um sich darauf einlassen zu können.

Bei Ihnen oder beim Geschäftspartner?

F: Sie haben bald eine wichtige Besprechung und können nicht entscheiden, ob Sie darauf bestehen sollen, dass die andere Seite zu Ihnen kommt, oder ob Sie Ihr Gesicht verlieren und zu ihr gehen sollten. Wie entscheiden Sie, in welchem Revier der Deal passieren soll? Ist es eigentlich wichtig?

A: Ja, es ist wichtig. Aber nicht, um sein Gesicht zu retten oder zu verlieren. Auf CEO-Ebene oder je nachdem, wo die Entscheidung getroffen wird, ist es in der Regel eine Sache der Bequemlichkeit. Aus praktischen Gründen versuche ich, so viele Gespräche wie möglich bei mir abzuhalten, weil ich damit viel Zeit spare.

Der wichtigste Faktor für den Ort ist nicht die Machtfrage (was auch immer das bedeuten soll), sondern der Eindruck, der dadurch geschaffen wird. Seit vielen Jahren gehe ich zu den Kunden oder sie kommen zu mir. Dabei habe ich ein interessantes Paradox entdeckt: Je wichtiger sie sind, desto einfacher ist es, sie zu bitten, zu mir zu kommen. Je weniger wichtig sie sind, desto beeindruckender ist es, wenn ich zu ihnen gehe.

Wenn Ihnen das wirklich Kummer macht, suchen Sie einfach einen neutralen Ort wie ein Restaurant oder einen privaten Club.

Der einmalige Deal

F: Sie wissen, dass viele Faktoren bei der Bestimmung des richtigen Preises für ein Produkt oder eine Dienstleistung eine Rolle spielen – wie sieht es mit der Konkurrenz aus? Plant man auch in der Zukunft, Geschäfte miteinander zu machen? Aber wie erhält man den richtigen Preis für einen einmaligen Deal?

A: Ich betrachte einen Verkauf niemals als eine einmalige Angelegenheit. Jeder Verkauf ist der Beginn einer lebenslangen Beziehung. Natürlich kommt es nicht immer dazu, aber es macht nichts aus, zu Beginn so zu denken.

Geld zurückgeben

F: Sie haben von einem Ihrer regelmäßigen (und ironischerweise säumigsten Kunden) 85 000 Dollar zu viel erhalten. Sie haben den Scheck sofort zurückgeschickt und Ihrem Chef Bescheid gesagt. Sie dachten, er würde aus dem Lachen gar nicht mehr herauskommen, weil dieser sonst so säumige Kunde plötzlich viel zu viel bezahlt hatte. Stattdessen ärgerte er sich, weil Sie den Scheck nicht sofort eingelöst hatten, um ihn als Kredit zu verwenden, wenn der Kunde mal wieder nicht rechtzeitig bezahlt. Haben Sie das Richtige getan?

A: Die kurze Antwort ist ja, Sie haben das Richtige getan. Das heißt aber nicht, dass Ihr Chef notwendigerweise falsch liegt.

Wenn Sie darauf bestehen, dass die Überbezahlung eine moralische Angelegenheit ist – als ob ein Fremder, der vor Ihnen lief, einen Zwanzig-Dollar-Schein hat fallen lassen und Sie sich fragen, ob Sie ihn einstecken oder zurückgeben sollen –, dann sollten Sie den Scheck immer zurückschicken. Doch die schlechte Zahlungsmoral des Kunden macht die Sache komplizierter. Das macht es auch zu einer geschäftlichen Entscheidung. Der Kunde ist kein Fremder. Sie kennen ihn gut. Er hat sich von Ihnen zinslos Geld geliehen. Sein Verhaltensmuster des langsamen Bezahlens bedeutet, dass er Ihr Geld benutzen kann und Sie nicht. Man könnte sagen, er hat sich Ihren Cash-flow gegriffen. Ich kann nachvollziehen, dass man als Chef den Scheck über 85 000 Dollar als Rücklage für all die Male zurückbehält, wenn der Kunde Sie warten lässt.

Ich habe Freunde über dieses Problem befragt und der Konsens besteht darin, dass die richtige Antwort vom Charakter und Verhalten des Kunden abhängt. Ein leitender Manager erzählte mir, dass er eine kürzliche Überbezahlung sofort zurückgesandt hatte, weil er nicht wollte, dass der Kunde sie als Entschuldigung benutzt – egal wie konstruiert oder unecht dies wäre –, um ein Versprechen bei einem Verhandlungspunkt nicht einzuhalten. Der Kunde in diesem Fall ist extrem streit- und prozesssüchtig. Obwohl die Beziehung ruhig bleibt, dachte dieser Manager langfristig. Alles Mögliche kann in der Zukunft falsch laufen, aber er wollte es sich nicht anhängen lassen, einen falschen Scheck nicht zurückgegeben zu haben.

In den meisten Fällen ist diese Entscheidung eine einfache Frage der Ehrlichkeit. Manchmal ist es auch eine Frage der Effizienz oder eines wirkungsvollen Auftretens.

Eine Frau, die ein eigenes kleines Geschäft betreibt, erzählte mir von zwei Kunden, die aufgrund ihrer antiquierten doppelten Buchführungsmethoden regelmäßig (und auf ermüdende Weise) ihre monatlichen Verbindlichkeiten immer doppelt bezahlen. Das geht schon seit Jahren so. Zu Beginn sandte sie ihnen die Schecks zusammen mit einem persönlichen Brief zurück. Sie meinte, das sei das Richtige und sie würde so etwas wie einen psychologischen Kredit für ihre Aufrichtigkeit erhalten. Aber nach all den Jahren erkannte sie, es war nicht ihr Problem, sondern das der Kunden. Sie mussten ihre Handlungen aufeinander abstimmen. Jetzt behält sie das Geld und rechnet am Ende des Jahres ab.

Vor einigen Jahren erhielt der Rechnungsprüfer unserer TV-Abteilung eine Gebührenabrechnung von einem afrikanischen TV-Kanal. Der Scheck sollte über 1600 Dollar lauten, aber durch eine verrutschte Dezimalstelle wurden 160 000 daraus. Er war ganz stolz darauf, sofort bei dem Sender angerufen zu haben, um auf den Irrtum aufmerksam zu machen. Ehrlich gesagt, wäre es mir allerdings lieber gewesen, er wäre genauso schnell beim Einsammeln des Geldes, das uns noch zusteht. Geschwindigkeit für unser Unternehmen hätte mich mehr beeindruckt als für andere.

Wenn Sie aus der Rückgabe eines Schecks eine große Sache machen wollen, tun Sie es mit Fingerspitzengefühl, damit aus der Geste der höchstmögliche Nutzen entstehen kann.

Eine unserer Führungskräfte für Lizenzgeschäfte erzählte mir, er habe einst eine Überbezahlung von 300 000 Dollar erhalten. Er hätte es sofort zurückschicken können, hielt es aber dann für besser, sämtliche Umstände in Erwägung zu ziehen. Bei unseren Lizenzgeschäften, wo wir Dutzende von Lizenzverträgen in allen Teilen der Welt haben und einen ständigen Fluss von Honorarschecks auf vierteljährlicher oder halbjährlicher Basis erhalten, ist die Pünktlichkeit ihrer Lizenzabrechnungen ein häufiger Zankapfel zwischen uns und den Lizenznehmern. Wir müssen häufig die Bücher der Lizenznehmer prüfen, um abzusichern, dass unsere Klienten den gerechten Anteil der Einkommen aus den Gütern erhalten, die ihren Namen oder ihr Bild tragen. Unserer Erfahrung nach gibt es keine Lizenznehmer, die überbezahlen. Sie erwarten fast immer von uns, die Höhe der Lizenzabrechnung anzufechten.

Angesichts dieser Geschichte entschloss sich unser Mann, sich einen Spaß mit dem 300 000-Dollar-Scheck zu machen. Er behielt ihn ein paar Monate bis zur nächsten Besprechung mit dem Lizenznehmer. Als es dann um die Einnahmen ging – genau der Moment, wo die Lizenznehmer erwarten, dass wir die größten Einwände erheben –, machte unser Mann eine große Show daraus: Er habe nach Prüfung aller anfallenden Zahlungen den Eindruck, dass sie absolut falsch angegeben worden seien. »Sie sind derart falsch«, sagte er, »dass wir um eine sofortige Korrektur bitten müssen.« Dann zog er den 300 000-Dollar-Scheck aus der Tasche und reichte ihn dem Lizenznehmer. Der war zuerst schockiert, danach beruhigt. Ich gehe davon aus, dass die dramatische Einlage unseres Mannes unsere Integrität auf eine Weise bewies, die in ihrer Wirkung weit über das hinausging, was die simple Rücksendung des Schecks bewirkt hätte.

Ich will damit sagen, bevor Sie den Scheck zurückschicken, betrachten Sie sämtliche Facetten Ihrer Beziehung zur anderen Partei. Es gibt eine routinierte Art, das Richtige zu tun und es gibt clevere Alternativen, die Sie und die andere Partei nie vergessen werden.

Einen auf hart machen

F: Monatelang haben Sie einen Interessenten mit Vorschlägen bombardiert, um ihn zu überzeugen, Ihr Unternehmen anzuheuern. Er hat nein gesagt. Doch je härter Sie es versuchen, desto unwahrscheinlicher wird es, dass er ja sagen wird. Was tun Sie als Nächstes?

A: Es gibt nichts Ärgerlicheres als den Vielleicht-Interessenten. Ein definitives Nein gibt Ihnen zumindest die Möglichkeit, sich anderweitig umzusehen.

Fragen Sie sich, ob dieser Interessent einer derer ist, die nein meinen, es aber nicht zu sagen wagen. Noch besser, fragen Sie ihn.

Wenn er es ableugnet, bitten Sie ihn, sich in Ihre Lage zu versetzen: Wie würde er versuchen, sich selbst etwas zu verkaufen? Wenn Interessenten einen auf hart machen, dann haben sie meistens etwas Spezielles im Hinterkopf. Hören Sie auf, Ihre Zeit damit zu verschwenden, dieses Geheimnis zu lüften. Überzeugen Sie ihn, es selbst zu tun.

Das Paradox des Großen

F: Was würden Sie anders machen, wenn Sie an ein kleines bzw. an ein großes Unternehmen verkaufen?

A: Werfen Sie Ihre Vorurteile über Bord.

Ich habe festgestellt, dass kleine Unternehmen häufig durchaus bereit sind, meine großen Ideen zu kaufen, während große häufig die kleinen vorziehen.

Das hängt damit zusammen, dass in großen Konzernen die Führungskräfte oft weit weniger Entscheidungsbefugnisse besitzen, als man erwartet, wohingegen stellvertretende Führungskräfte bei kleinen aggressiven Unternehmen über weit mehr Macht verfügen, als man vermutet.

Wenn Sie dieses Paradox erst einmal akzeptiert haben, ist es einfach, Ihre Prioritätenliste bei den Interessenten zu ändern – indem Sie die kleinen Unternehmen an die Spitze stellen.

Ein weiteres Argument: Wenn es der härteste Teil beim Verkaufen ist, zur richtigen Person vorzudringen, dann haben Sie bei einem kleinen Unternehmen, wo die Person, die Ihnen helfen kann, meist nur eine oder zwei Türen weiter sitzt, wesentlich weniger Probleme. In einem großen Konzern bin ich häufig entsetzt, zu erfahren, dass der richtige Entscheidungsträger entweder in einem anderen Teil der Welt oder gar nicht aufzufinden ist.

Ablehnung versus Ärger

F: Sie wissen genau, dass Ablehnung mit dem Verkaufsbereich zusammenhängt. Das macht es aber auch nicht einfacher. Was ist das Wichtigste im Umgang mit Ablehnungen?

A: Verärgern Sie niemals Ihre Interessenten, weil sie zu Ihrem Vorschlag nein sagen. In den meisten Fällen lehnen sie Ihren Vorschlag ab, nicht Sie persönlich.

Das ist so offensichtlich. Doch wie oft hat man es schon erlebt, dass ein Verkäufer auf eine Ablehnung so reagiert hat, dass er den Interessenten beschimpft hat – weil er seine Zeit verschwendet hat oder ein Blödmann ist oder nicht über genug Grips verfügt, um den großen Deal zu erkennen. Sie nehmen es persönlich und gehen zum Angriff über.

Ich gehe mit Ablehnungen ruhiger um, selbst wenn ich mich gar nicht besonders ruhig fühle. Ich gehe zu einem potenziellen Klienten mit immer wieder neuen Vorschlägen zurück. Ich mache alles Mögliche – sende ihnen Zeitungsausschnitte, persönliche Nachrichten, Einladungen zu Veranstaltungen, um sie wissen zu lassen, dass ich sie schätze, dass es keine schlechten Gefühle gibt und dass ich immer noch glaube, dass wir Geschäfte miteinander machen können.

Nachdem man so viel Zeit damit verbracht hat, einen potenziellen Klienten kennen zu lernen, wäre ich verrückt, sein erstes, zweites oder drittes Nein als Hinweis darauf zu nehmen, ihn ganz vergessen zu können. Ich sehe das einfach so, dass mit der Zahl der Neins auch die Chancen auf ein Ja zunehmen.

Man sollte immer mehr erreichen wollen, als man greifen kann

F: Sie versuchen, für sich und Ihre Angestellten realistische Ziele zu setzen. Es gibt nichts Frustrierenderes, als unvernünftige und unerreichbare Ziele zu setzen. Aber es scheint das Wachstum Ihres Unternehmens hinauszuzögern. Während der 12 Monate des Steuerjahres rennen Ihre Verkäufer in der Gegend herum, um ihre Quoten zu erreichen, aber selten nur übertreffen sie sie. Wie motivieren Sie Ihre Verkäufer zu mehr Produktivität?

A: Verdoppeln Sie ihre Quoten. Sie wären überrascht, wie profitabel Ihr Geschäft wird, wenn die Mitarbeiter 10, 20 oder 30 Prozent unter dem kürzlich verdoppelten Budget bleiben. Sie wären genauso überrascht, wie weit Angestellte, entweder aus Stolz oder aus Angst oder einer Kombination aus beiden, das Niveau ihres Spiels anheben, um Ihre Erwartungen zu erfüllen. In einem gut geführten Unternehmen haben Quoten die Tendenz, self-fulfilling prophecies zu sein. Ihre Angestellten haben bereits gezeigt, dass sie können, was Sie verlangen. Warum betrügen Sie sich und sie mit Ihrer rigiden Vorstellung dessen, was realistisch ist? Setzen Sie die Latte höher und beobachten Sie, wie sie höher springen.

Eine Kur für Schuldner

F: Was tun Sie, wenn ein Kunde seine Rechnungen nicht bezahlen will? Einer Ihrer größten Kunden verzögert die Begleichung seiner Rechnungen, die unmissverständlich innerhalb von 30 Tagen erfolgen soll. Nachdem er dann drei oder vier Monate nicht bezahlt hat, will er die Zahlungsbedingungen neu verhandeln. Ist es besser, eine harte Haltung einzunehmen oder die Verluste abzuschreiben und zu versuchen, so viel zu bekommen, wie man eben noch erhalten kann?

A: Zunächst einmal sollte es Sie empfindlich stören, dass dieser Kunde immer wieder säumig ist. Das heißt, Sie machen weiterhin Geschäfte mit ihm, obwohl Sie seine Zahlungspraktiken nicht billigen. Der erste Schritt wäre, die Beziehung zu lösen, sobald er bezahlt hat.

Wenn es um die Neuverhandlung von Zahlungsbedingungen geht, dann mag das bei Banken und Schuldnern aus der Dritten Welt funktionieren, aber Sie sind nicht im Bankengeschäft.

Sie sollten den Kredit für Kunden, die durch ihr Handeln ihre Glaubwürdigkeit aufs Spiel gesetzt haben, nicht ausdehnen. Was führt Sie im Übrigen zu dem Glauben, dass ein Kunde entgegenkommender reagiert, wenn Sie ihm die Rechnung splitten? (Wenn Sie neu verhandeln müssen, müssen Sie sich zumindest ein Druckmittel verschaffen, indem Sie auf einem beglaubigten Scheck bestehen, bevor die Gespräche beginnen, als ein Zeichen des guten Willens.)

Bleiben Sie hart. Aber bringen Sie nichts Persönliches ins Spiel. Lassen Sie Ihre Kunden und Anwälte die Rolle der Schurken übernehmen. Lassen Sie sich von der Haltung von George S. Kaufman, des amerikanischen Bühnenautors und Produzenten, leiten, als er einen Theaterbesitzer angriff, der eines seiner Stücke inszeniert hatte, ohne die fälligen Tantiemen zu bezahlen.

»Es ist ein kleines, unbedeutendes Theater«, erklärte der Produzent. »Dann kommen Sie eben auch in ein kleines, unbedeutendes Gefängnis«, antwortete Kaufman.

Blinde Briefe und Anrufe

F: Ihr Job verlangt häufig von Ihnen, Führungskräfte größerer Unternehmen anzurufen, um Ihr Produktsortiment anzubieten. In den meisten Fällen gehen Ihrem Anruf ein Brief und ein Muster voraus. Ist es schlechter Verkaufsstil abzuwarten, bis die andere Seite anruft, in der Annahme, wenn sie nicht anrufen, sind sie auch nicht interessiert? Wann sollten Sie einen solchen Anruf am besten machen?

A: Das ist das Problem mit allen blinden Briefen und Anrufen. Sie wissen nie genau, wer Ihr Material erhält oder ob es überhaupt jemanden erreicht.

Hier kann die Sekretärin Ihres Interessenten Ihre beste Verbündete sein.

Rufen Sie sie als Erstes an, um sich zu vergewissern, dass ihr Vorgesetzter das Material erhalten und es sich angesehen hat. Das ist ein bekannter Vorwand für alle weiteren Gespräche, aber es funktioniert. Dann fragen Sie ganz unverhohlen, ob ihr Chef die geeignete Person ist. Falls nicht, wird sie Ihnen das richtige Büro nennen.

Hängen Sie zweitens nicht auf, ohne eine feste Zeit ausgemacht zu haben, um den Vorgesetzten sprechen zu können.

Drittens: Verhandeln Sie nicht über die Zeit. Rufen Sie dann an, wann es dem Chef passt, egal wie ungelegen es für Sie sein mag. Wenn Sie a) höflich fragen: »Wann ist die beste Zeit für Ihren Chef?«, und b) deutlich machen, dass Sie nur zwei oder drei Minuten benötigen, um Ihren Fall vorzutragen, wird die Sekretärin Ihnen normalerweise weiterhelfen.

Der Jekyll-und-Hyde-Verkauf

F: Sie haben sich gerade mit einer Zeitschriftenverlegerin und ihrem Marketingchef getroffen, um deren Unterstützung für ein vorgeschlagenes Projekt zu erhalten. In der ersten Stunde waren sie von dem Konzept hingerissen und erzählten Ihnen, dass sie ähnliche Ideen zuvor schon gehört hätten, dass dies aber die erste wäre, die es wert sei, weiterverfolgt zu werden. Die zweite Stunde war hart. Die Verlegerin sorgte sich lauthals über kleinliche Details und potenzielle Konflikte und fragte, wie Sie diese lösen würden. Wie würden Sie dieses Jekyll-und-Hyde-Verkaufsgespräch interpretieren?

A: Das klingt so, als hätten Sie einen Verkauf gemacht, es aber nicht erkannt. Obwohl es wichtig ist, dass Sie die Sorgen der Verlegerin über einige kleine Details berücksichtigen, haben Sie das größere Detail nicht bemerkt, dass sie Ihren Vorschlag mag.

Verkaufen ist so schon hart genug. Komplizieren Sie es nicht, indem Sie die positiven Bemerkungen des Kunden ignorieren.

Natürlich ist das keine wirkliche Jekyll-und-Hyde-Situation, weil Höhen und Tiefen innerhalb einer Konferenz bei erfolgreichen Verkäufen zum Alltag gehören. Nachdem das Hauptthema geklärt ist, dass Sie beide miteinander Geschäfte machen wollen, sollten Sie doch alles tun, damit die kleinen Details Sie nicht wieder auseinanderbringen.

Wie man beim Verkaufen mit einer Krise umgeht

F: Einer Ihrer Verkaufsstars leidet unter einer schweren Krise. Wie motivieren Sie ihn?

A: Es gibt alle möglichen Gründe, warum ein Superverkäufer plötzlich vergessen hat, wie man verkauft. Es passiert sogar den Besten unter uns, vor allem, wenn wir unsere Grundlagen vergessen.

Wenn große Athleten einen Absturz erleben, halten sie immer ein wenig inne und überprüfen die Grundlagen ihrer Technik. Ein Golfer zum Beispiel wird seinen Griff, seine Stellung, seine Haltung und die verschiedenen Teile seines Swings überarbeiten, um seinen Rhythmus wiederzufinden.

Dasselbe passiert im Business. Auf so konstruktive Weise wie möglich müssen Sie Ihren Verkäufer dazu zwingen, innezuhalten und einige seiner Grundsätze, die ihn erfolgreich gemacht haben, neu zu erwägen.

Benutzt er zu viel Zeit, um die bestehende Klientel zu bedienen, statt neue zu finden?

Hat er sich in den Prozess des Verkaufens verliebt – die Gespräche, die Vorschläge, die auf Spesen laufenden Mittagessen –, statt darin, einen Auftrag zu ergattern?

Hat er den Glauben an sein Produkt verloren?

Weiß er noch, wer sein Klient sein sollte?

Wenn es ihm und Ihnen gelingt, seine Methoden zu analysieren, um festzustellen, was er falsch macht, dann sollte es nicht allzu schwer sein, es zu korrigieren und ihn wieder dahin zu bringen, wohin er gehört.

Übergeben Sie Ihre großen Kunden

F: Sie leiten eine erfolgreiche Verkaufsorganisation, müssen aber immer noch fast alle großen Kunden selbst bedienen. Sie sind derjenige, der sie ursprünglich von Ihrem Unternehmen überzeugte und sie wollen noch immer nur von Ihnen kaufen. Wie können Sie sie loswerden, um sich auf neue Geschäfte konzentrieren zu können?

A: Ich fragte mich oft, warum unser Unternehmen nicht mehr Consulting-Vereinbarungen mit Firmen hatte. Es war ein profitabler Bereich und zog Vorteil aus unserer einzigartigen Erfahrung im Sportbereich. Für ein jährliches Pauschalhonorar konnten wir die sportlichen Aktivitäten eines Betriebes kontrollieren und empfehlen, was sie noch tun sollten oder ob sie es überhaupt tun sollten.

Es war für mich eine leichte Sache, die ich in einem Gespräch mit einem leitenden Manager verkaufen konnte, dessen Unternehmen stark an der Sportsponsorenschaft beteiligt war. Wenn ein CEO Fragen hinsichtlich der Effektivität seiner Investition hatte, konnte ich sagen: »Wir schauen es uns einmal an und sagen Ihnen dann, was wir davon halten. Das wird uns normalerweise bezahlt. Wenn es Ihnen so nicht genehm ist, machen wir es drei Monate lang umsonst. Dann zahlen Sie uns das, was unser Ratschlag Ihrer Meinung nach wert ist.«

Ich konnte nicht verstehen, warum unsere anderen Führungskräfte, die ständig bei Betrieben anriefen, nicht dasselbe tun konnten, bis ein anderer CEO meinte: »Mark, eine leitende Führungskraft vergibt einen Consultingvertrag über eine Million Dollar nur an eine andere leitende Führungskraft.«

Der CEO meinte, dass es für einen Mittelmanager unseres Unternehmens keine Möglichkeit gäbe, einen riesigen Consultingabschluss zuwege zu bringen, weil sämtliche Abschlüsse durch Gespräche zustande kommen. Führungskräfte aus dem mittleren Bereich hätten einfach nicht die Statur, um sich gegenüber hochrangigen Leuten zu behaupten und nicht die Autorität, um zu sagen: »Zahlen Sie uns, was Sie für richtig halten«. Nur ich könnte das sagen.

Ich weiß das zu schätzen. Da ich selbst CEO bin, kann ich nachvollziehen, dass es schwer ist, einem Mann einen großen Scheck auszustellen, der wesentlich jünger als ich ist und wesentlich weniger Erfahrung, Statur und bisherige Erfolge aufzuweisen hat. Mir ist es lieber, mit Gleichrangigen zu sprechen.

Um aus dieser Falle herauskommen zu können, müssen Sie Ihre Helfer so aufbauen, dass sie die Statur haben, die Ihre großen Kunden dann auch akzeptieren können.

Als Erstes müssen Sie sie zu den Verkaufsgesprächen mitnehmen. Führen Sie sie mit den schmeichelhaftesten Worten, die Ihnen möglich sind, ein. Überlassen Sie ihnen dann das Spielfeld. Wenn sie mit der Gelegenheit beständig wachsen und Ihre Kunden beeindrucken, wird es wahrscheinlich keiner bemerken, wenn Sie sich langsam aus der Sache herausziehen.

Zweitens müssen Sie Ihren Führungskräften beeindruckendere Titel verpassen. Das ist reine Kosmetik, funktioniert aber. Es zahlt sich in dem ungeschriebenen Protokoll aus, das die Gespräche zwischen Organisationen positiv oder negativ dominiert: CEOs sprechen nur mit CEOs, Vorgesetzte sprechen nur mit Vorgesetzten und jüngere Führungskräfte zieht es nur zu jüngeren Führungskräften.

Bestehen Sie drittens darauf, dass Ihre gerade auf eine höhere Stufe gestellten Verkäufer die Qualität der Interessenten, die sie anrufen, höher einstufen.

Setzen Sie reale Ziele für sie, um jedes Jahr neue Leute in Führungspositionen zu treffen. Wenn Sie es sich leisten können, geben Sie ihnen die Zeit und das Budget, diesen Plan auszuführen. Das Ziel besteht für Sie nicht nur darin, Ihre größeren Kunden zu übernehmen. Sie wollen, dass sie selbst große Kunden einbringen.

Machen Sie aus geringer Größe eine Tugend

F: Ihre zwei Jahre alte Firma benötigt einen großen Auftrag, um endlich Profit zu machen. Aber jedes Mal, wenn Sie für eine größere Sache mitbieten, hören Sie dieselbe Entschuldigung: »Tut uns leid, wir haben uns für ein größeres Unternehmen entschieden.« Wie kommen Sie aus dieser Falle heraus, wenn Sie am Anfang stehen?

A: Mit einem Wort, überkompensieren Sie. Wenn die Größe nicht Ihre Stärke ist, dann machen Sie aus Ihrer geringen Größe eine Tugend. Haben Sie ein Konzept oder eine Fähigkeit, die keiner sonst besitzt? Sind Sie schneller als eine große Bürokratie? Können Sie schneller reagieren? Können Sie Ihre ganze Zeit auf einen Klienten verwenden? Sind Sie netter?

Wenn Sie eine Sache finden, bei der Sie wirklich gut sind und diese benutzen können, wird sich die andere Seite nicht darum kümmern, was Sie nicht können.

Die Forderung nach Kaufinteressenten

F: Ihr Vorgesetzter sagt, wenn Sie bei einem Verkaufsgespräch schon nichts verkaufen können, sollten Sie zumindest einige neue Kaufinteressenten aufzuweisen haben. Was ist die beste Methode, um bei einem Verkaufsgespräch Tipps für weitere Interessenten zu bekommen? Ist es überhaupt angemessen, um solche Tipps zu bitten?

A: Ich weiß nicht, ob es angemessen ist, aber es ist gutes Business. Der Schlüssel dafür ist allerdings das Timing.

Ein Kunde, der zu Ihrem Vorschlag gerade nein gesagt hat, fühlt sich vielleicht ein bisschen schuldig, weil er Sie zurückgewiesen hat. Das ist der perfekte Moment, um zu sagen: »Gut, wenn Sie mein Produkt oder meine Dienstleistung jetzt nicht kaufen können, könnten Sie mir dann vielleicht einen Gefallen tun?« Nur wenige werden sich von jemandem abwenden, der um einen Gefallen bittet. Noch weniger tun das, wenn sie Sie in einer anderen Sache gerade abgewiesen haben.

Das ist der Moment, wo Sie den Interessenten fragen können, Ihnen Kollegen, Freunde, Wettbewerber und Fremde vorzuschlagen, die vielleicht an Ihrem Produkt oder Ihrer Dienstleistung interessiert sind. Viele helfen gerne.

Der Preis ist zu hoch

F: Sie haben drei Ausschreibungen nacheinander verloren, weil der Kunde sagte, Ihr Preis sei zu hoch. Ihre Gewinnspanne war bei jedem Gebot so knapp kalkuliert, dass Sie sich gar nicht vorstellen können, wie der erfolgreiche Bieter bei diesem Verkauf noch Geld verdient. Sollten Sie den Preis selbst auf Kosten eines Verlusts reduzieren, um das Geschäft zu bekommen?

A: Es gibt nur einen zwingenden Grund, um Ihr Produkt oder Ihre Dienstleistung mit Verlust zu verkaufen: eine Garan-

181

tie, dass Sie mit dem Kunden beim nächsten Abschluss Geld verdienen werden. Solche Garantien (und die Kunden, die sie geben) sind rar. Die Realität ist, dass ein Kunde, der immer auf das niedrigste Gebot spekuliert, sich auch später nicht ändern wird. Er wird wiederum beim nächsten Job ein Niedrigangebot von Ihnen erwarten – oder sich anderswo umschauen.

Eine tschechische Weisheit heißt: »Springe nicht hoch in einem niedrigen Raum.« Sie werden bessere Kunden finden müssen, solche, die das beste Gebot haben wollen, nicht nur das niedrigste.

Es gibt einen Zusammenhang zwischen hartnäckig und lästig sein

F: Sie verkaufen Büroausstattungen. Ihre Verkaufsleiterin wirft Ihnen vor, die potenziellen Kunden nicht hartnäckig genug zurückzurufen. Sie sagt, Sie würden mehr Geschäfte abschließen, wenn Sie häufiger zurückrufen würden. Etwa alle zwei Monate geht sie Ihre Interessentenliste durch und steht buchstäblich neben Ihnen am Schreibtisch, während Sie anrufen, um zu erfahren, ob sie eine Entscheidung getroffen haben. Ist das hartnäckig oder lästig?

A: Die Grenze ist fließend. Es gibt Menschen, die einen Kunden fünfmal in der Woche anrufen können, ohne zu stören. Umgekehrt gibt es solche, die Kunden lästig sind, wenn sie nur einmal im Jahr anrufen. Wie erklären Sie den Unterschied?

Einfach: Die einen rufen niemals ohne einen neuen Informationshappen an, der den Verkaufsprozess weiterbringt. Mit anderen Worten, sie rufen nie an, wenn sie nichts zu sagen haben. Das kann eine Preisänderung sein, eine neue Produkteinführung, eine Änderung bei den Spezifikationen oder Neuigkeiten über einen Rivalen – aber zumindest sind es legitime Neuigkeiten. Interessenten dürften an solchen Anrufen schwerlich Anstoß nehmen, weil Sie ihnen Informationen anbieten, statt sie zu einer Entscheidung zu drängen.

Die hartnäckige Verkaufsleiterin ist halb im Recht. Man kann niemals zu hartnäckig sein. Aber Sie begehen einen schrecklichen Fehler, wenn Sie nur anrufen, um zu fragen, ob er denn nun endlich kauft.

Verbessern Sie Ihren Abschlussdurchschnitt

F: Bei Ihrem Unternehmen haben Sie den Ruf als hervorragender Entwickler von Kundenkontakten. Sie können zukünftige Interessenten förmlich wittern und besser als andere einen Weg herausfinden, wie Sie Ihren Fuß in die Tür bringen. Aber Sie sind nicht so gut, wenn es um Abschlüsse geht. In der Tat zeigen Ihre Ausgaben, dass Sie im Vergleich zu den Abschlüssen, die Sie tatsächlich zustande bringen, zu viele Verkaufsgespräche benötigen. Andere Verkäufer schaffen mit halb so vielen Gesprächen dieselbe Auftragszahl. Wie verbessern Sie Ihren Verkaufsdurchschnitt?

A: Wenn jemand Schwierigkeiten damit hat, Abschlüsse zu tätigen, dann gewöhnlich deshalb, weil er nicht auf das Ende des Verkaufsgesprächs achtet. Die Anspannung und die erhöhte Aufmerksamkeit, die jeder Verkäufer zu Beginn der Gespräche empfindet, haben nachgelassen. Nachdem viele Verkäufer gesagt haben, was zu sagen ist, fangen sie an, sich zu entspannen und überlassen die Kaufentscheidung einzig dem Kunden. Am Ende des Gesprächs gibt der Kunde Dutzende von Hinweisen, die Sie nicht ignorieren dürfen.

Die offensichtlichsten Hinweise sind technische Fragen. »Wie machen Sie diese Computerchips?« – »Wie groß ist Ihre Toleranz für dieses Teil?« – »Werden diese Kleidungsstücke beim Waschen eingehen?« Wenn Interessenten technische Fragen stellen, sollten bei Ihnen sämtliche Sensoren ausgefahren sein, denn sie deuten damit an, dass sie kaufen wollen. Deshalb wollen sie eine Antwort haben. Je technischer die Fragen, desto näher sind Sie am Verkauf.

Auch finanzielle Signale sind gute Nachrichten. Wie technische Fragen sind Fragen über den Preis, Zahlungsbedingungen, Zahlungszeiträume, Tauschgeschäfte, Mengenrabatte ein anderer Weg, um zu sagen: »Ich will kaufen.« Diese finanziellen Signale kommen am Ende des Gesprächs, wenn der Käufer es wirklich wissen muss. Ignorieren Sie sie nicht.

Ich würde ebenfalls ein Auge auf »sensible« Signale werfen. Wenn ein Mann in die Ausstellungshalle eines Autohändlers kommt, ein Auto probefahren will, über den Preis redet, zurück ins Auto geht, das Lenkrad streichelt, mit den Knöpfen spielt, den Lederbezug befühlt, dann zeigt er damit, dass er sich für das Auto interessiert. Wenn er ein paar Tage später zurückkommt und dasselbe noch einmal macht, könnte man darauf wetten, dass er kaufen will und Aufmerksamkeit benötigt.

Das Gleiche gilt für den Bereich des Büros. Wenn der Kunde die Muster, die Sie mitgebracht haben, ständig untersucht oder in Ihrer Farbbroschüre herumstöbert oder auf die Unterlagen auf dem Tisch zeigt, dann ist er weit mehr an Ihren Vorschlägen interessiert, als er zugibt.

Ein anderes viel versprechendes Zeichen ist der so genannte Gastauftritt. Wenn ein Interessent plötzlich den Hörer abnimmt und einen Kollegen bittet, bei dem Gespräch dabei zu sein, dann seien Sie besonders auf der Hut. Wenn der Interessent die harten technischen und finanziellen Fragen noch nicht gestellt hat, wird es der Hinzukommende tun.

Verwenden Sie genauso viel Aufmerksamkeit auf die Abschlusssignale wie auf das Zustandekommen des Gesprächs und Ihr Abschlussdurchschnitt wird sich verbessern.

Trennen Sie das Berufliche vom Privaten

F: Ein großer Kunde, der 20 Prozent Ihres Verkaufsvolumens ausmacht, spielt seine Trümpfe aus. Zumindest einmal im Monat erwartet er, dass Sie ihn und seine Mitarbeiter unterhalten, normalerweise beim Abendessen oder bei Sportveranstaltungen. Es ist klar, dass dies ein wichtiger Bestandteil für weitere Geschäfte ist. Sie sind sich nicht sicher, was irritierender ist, die Ausgaben oder die Tatsache, dass er es für selbstverständlich hält, dass Sie ihm den Gefallen tun. Wenn Sie diese Abende genießen könnten, wäre es gar nicht so schlimm. Sie wären aber lieber zu Hause bei Ihrer Familie. Wie bekommen Sie diesen Kunden aus Ihrem Leben heraus, ohne die Geschäfte zu verlieren?

A: Es gibt wohl kaum ein schlagenderes Argument für die Trennung beziehungsweise Aufteilung des beruflichen und des privaten Lebens.

Irgendwo auf dem Weg sah Ihr Kunde Sie nicht mehr nur als Geschäftspartner, sondern auch als Freund. Ich nehme an, Sie haben das zu Beginn angeregt. Wundert es Sie dann, dass er von Ihnen weiterhin umgarnt werden will, da Sie das Geschäft nun haben?

Das ist die gütige Sicht der Situation – dass der große Kunde Ihr Freund sein möchte. Eine weniger gütige Sicht ist, dass er Sie benutzt, damit er in der Stadt nachts etwas unternehmen kann. So oder so, es ist nicht unmöglich, sich von dieser Beziehung fern zu halten.

Sie könnten sich zum Beispiel dadurch herausziehen, dass Sie ihm Karten ganz zu seiner Verfügung schicken.

Sie könnten eine andere Person, in Form eines Stellvertreters, einbringen. Dieser kann die Beziehung übernehmen. Nach ein paar Abenden wie diesem wird niemand mehr merken, dass Sie gar nicht dabei sind.

Am besten ist es, wenn Sie von Anfang an Ihren persönlichen Bezug zum Kunden geklärt haben. Es gibt keinen Zweifel, dass die Entwicklung von Beziehungen ein integraler Bestandteil des Verkaufens ist. Aber Sie müssen diese Beziehungen so genau wie möglich definieren. Alles andere kann Sie schließlich überrollen.

Ich bin in der Trennung meines beruflichen und meines privaten Lebens absolut unbarmherzig. Das mag kalt und kalkulierend klingen. Aber es ist auch sehr heilsam. Das bedeutet nicht, dass ich die Gegenwart von Menschen, mit denen ich Geschäfte mache, nicht genießen würde oder dass sie nicht meine Freunde wären. Ich ziehe es einfach vor, dass die Menschen, mit denen ich zu Abend esse oder die ich zu mir nach Hause einlade oder im Urlaub besuche, keine wirtschaftlichen Verstrickungen mit mir haben.

Jeder von uns stellt unterschiedliche Facetten seiner selbst für unterschiedliche Menschen dar. Ihre Kunden sehen Sie als Verkäufer. Ihre Belegschaft erlebt Sie als Chef. Ihre Nachbarn erleben Sie als Elternteil oder freiwilligen Helfer bei der Kirchengemeinde. Die Probleme fangen an, wenn die Personen, die mit einer Facette Ihres Lebens zu tun haben, versuchen, in die anderen Facetten einzudringen.

Das passiert auch unseren Klienten. Vor einigen Jahren repräsentierten wir einen Baseballspieler, der einen lukrativen Vertrag mit einer Automobilfirma hatte. Das Arrangement war ziemlich eindeutig. Für mehrere hunderttausend Dollar im Jahr wollte das Unternehmen den Athleten als Sprecher und sein Konterfei in der Werbung benutzen. Das Unternehmen erhielt auch fünf Tage im Jahr für Fotosessions und persönliche Auftritte. Es war ein großer Deal. Das Unternehmen bewunderte den Athleten und brachte ihn in seiner Werbung gut zur Geltung.

An irgendeinem Punkt begannen die Mitarbeiter der Autofirma, ihre Beziehung zum Athleten zu überschätzen. Sie dachten, dass ihnen die Tatsache, ihm jedes Jahr mehrere hunderttausend Dollar zu zahlen, Zugang zu jeder Facette seines Lebens gäbe. Einmal riefen sie wegen 65 Play-off-Tickets an. Sie gingen davon aus, dass ihre Investition in den Athleten sie zu einer größeren Ermäßigung bei Eintrittskarten berechtigte.

Das war aufdringlich. Sie respektierten nicht die verschiedenen Facetten des Athleten. Als sein Sponsor gingen sie mit ihm als Persönlichkeit um. Als sie sein Team anriefen, drängten sie sich in seine alltägliche Arbeit hinein, in den Bereich seines Lebens, wo er vor allem ein Angestellter seines Teams war. Es dauerte ein wenig, ihnen den Unterschied zu erklären, aber sie begriffen schließlich, dass es klüger ist, in einem Bereich zu bleiben und den anderen zu meiden.

Es mag zu spät sein, um Ihren großen Kunden wissen zu lassen, dass er nur mit einer Facette Ihres Lebens zu tun hat, der des Verkäufers. Aber Sie sollten es für zukünftige Kunden auf alle Fälle im Gedächtnis behalten. Seien Sie unbarmherzig klar, wenn es darum geht, wie weit Kollegen und Kunden in bestimmte Bereiche Ihres Lebens vordringen dürfen. Das mag zuerst herzlos sein, wenn aber Ihre Karriere voranschreitet und damit auch die Zahl der Kontakte wächst, werden Sie froh sein, wenn Sie es getan haben.

Wer kommt zuerst?

F: Sie erleben in Ihrer Branche einen derartigen Boom, dass Sie irgendwann die Nachfrage der Kunden nicht mehr befriedigen können. Sollten Ihre ältesten Kunden die Top-Priorität erhalten oder die neuen, die Sie nicht an einen Wettbewerber verlieren wollen?

A: Wenn Sie sich nicht entscheiden können, lassen Sie den Kunden entscheiden. Bieten Sie jedem einen Preisnachlass, wenn er eine Lieferverzögerung akzeptiert. Einige werden den Nachlass akzeptieren. Einige werden auf sofortiger Lieferung bestehen. Aber zumindest werden Sie nicht derjenige sein, der eine eher zufällige Entscheidung trifft. Der Nettoeffekt: Ihre Kunden richten damit Ihre Prioritätenliste ein. Und so sollte es sein.

Rückrufe erhalten

F: Sie bekommen die Interessenten nicht dazu, bei Ihnen zurückzurufen, selbst nach drei oder vier Versuchen. Sie sind nicht sicher, ob sie wirklich nur beschäftigt, schlecht organisiert oder wirklich unhöflich sind. Was muss man tun, damit sie zurückrufen?

    A: Wenn alles andere nicht funktioniert, rufen Sie eine dritte Partei an. Fragen Sie jemanden, der Einfluss auf die Person hat, die Sie erreichen wollen – das kann ein Vorgesetzter sein, ein Freund, ein Verwandter –, um für Sie zu vermitteln. Wenn die Nachfrage von einem Vorgesetzten oder Kollegen kommt, wird die betreffende Person aus Scham dem Ansinnen nachkommen. Er will nicht den Anschein erwecken, schlecht organisiert oder gleichgültig zu sein. Wenn es von einem Freund oder einem Verwandten kommt, werden die meisten aus purer Höflichkeit zurückrufen. In beiden Fällen werden Sie eine Verbindung schaffen.

Sprechen Sie mit den Kunden, die gegangen sind

F: Um die Abschlüsse in Ihrem Unternehmen zu steigern, haben Sie damit begonnen, Kunden zu überprüfen, um festzustellen, was Sie falsch machen und wie Sie sich verbessern können. Aber Ihr CEO hasst alles, was den Charakter von Marktforschung hat, besonders, wenn die Ergebnisse nicht mit seinen vorgefassten Meinungen übereinstimmen. Wie ändern Sie seine Meinung?

    A: Wenn der Chef Forschung hasst, nennen Sie Ihre Überprüfung eben nicht Marktforschung. Fassen Sie Ihre Befunde in einer eher beiläufigen Liste darüber zusammen, was Ihre Kunden mögen und was Ihre Kunden nicht mögen.

Aber das ist nur eine Etikette. Das schwerwiegendere Problem ist, dass Sie die falschen Personen überprüfen. Statt mit aktuellen Kunden zu sprechen, die Sie offensichtlich mögen, wenn sie immer noch von Ihnen kaufen, sollten Sie mit früheren Kunden sprechen, um herauszufinden, warum sie gegangen sind. Sie sind es, die Ihnen die ungeschminkte Wahrheit sagen.

In diesem Sinne ist Ihr CEO vielleicht nicht so dumm, Ihre Überprüfung infrage zu stellen.

Aus den falschen Gründen zurückgewiesen

F: Was tun Sie, wenn ein Verkaufsinteressent Ihren Vorschlag aus einem Grund zurückweist, der keinen Sinn ergibt? Ein potenzieller Kunde sagte, er wollte Ihr Produkt nicht kaufen, weil Sie vor fünf Jahren Geschäfte mit einem seiner Wettbewerber gemacht haben. Diese Entschuldigung verwirrt Sie. Sollten Sie dem Kunden sagen, er sei dumm? Lohnt sich die Mühe?

A: Angenommen, es gibt ein echtes Bedürfnis für Ihr Produkt oder Ihre Dienstleistung, dann haben Käufer im Allgemeinen drei Gründe, warum sie nein sagen:

- Sie mögen nicht, was Sie verkaufen.
- Sie haben nicht das Geld.
- Sie mögen Sie nicht.

Irgendwo innerhalb dieser Kategorien liegt der Grund begraben, warum der Interessent nein sagte. Sie müssen herausfinden, was auf Sie zutrifft.

Wenn die Interessenten nicht mögen, was Sie verkaufen, weil sie vielleicht denken, dass es qualitativ nicht gut oder nicht zuverlässig ist, könnte ein weiteres Gespräch sie davon überzeugen, dass sie Sie falsch beurteilt haben.

Wenn sie nicht das Geld haben, zweifle ich daran, dass ein weiteres Gespräch daran etwas ändern wird.

Wenn sie Ihre Person nicht mögen, dann wird eine Besprechung nicht genügen, um ihre Meinung zu ändern.

Behalten Sie im Hinterkopf, dass viele Menschen sich nicht wohl fühlen, wenn sie nein sagen (es ist viel angenehmer, wenn sie ja sagen können) und dass zumindest zwei dieser Gründe Aufregung verursachen könnten. Folglich üben viele Menschen geradezu unglaubliche Hirnakrobatik aus, um eine Konfrontation zu vermeiden, bei der sie zugeben müssen, dass sie nicht mögen, was Sie verkaufen, oder dass sie Sie nicht mögen. Daraus entstehen dann oft weit hergeholte Entschuldigungen.

Wir alle tun das. Wenn ein langweiliger Nachbar Sie nach Hause zum Essen einlädt, dann wollen Sie nicht gehen, doch Sie sagen ihm nicht, dass er ein Schaumschläger und Langweiler ist. Wer braucht schon die Konfrontation? Sie sagen, Sie haben zu tun. Wenn er hartnäckig ist und weitere Einladungen ausspricht und Sie weiterhin nein sagen, wird er es schließlich verstehen. Erst wenn er zur Pest wird, sagen Sie ihm die Wahrheit.

Angesichts dieser Dynamik liegt der nächste Schritt bei Ihnen. Wenn Sie höflich zum Kunden zurückgehen, wird er Sie vielleicht monatelang hinhalten – oder Sie machen vielleicht einen Abschluss. Andererseits, wenn Sie ihm sagen, dass er dumm ist, erreichen Sie eine Konfrontation. Sie werden nichts verkaufen, aber sicherlich finden Sie den Grund heraus, warum dies so war.

Der säumige Kunde

F: Mehrere Ihrer regelmäßigen Kunden sind zu säumigen Zahlern geworden. Sie sehen bei Ihrem Verkaufsleiter damit nicht gut aus. Dieser macht Sie dafür verantwortlich, das Geld hereinzuholen. Wie viel Spielraum sollten Sie einem guten Kunden geben, der mit seinen Zahlungen im Rückstand ist? Und wie überzeugen Sie Ihren Chef, Ihnen mehr Zeit zu lassen?

A: Es gibt eine Theorie, laut der Sie nicht genug verkaufen, wenn Sie nicht ein paar ausstehende Forderungen haben. Wenn diese Schulden einen geringen Prozentanteil Ihres Verkaufsvolumens ausmachen und 95 Prozent Ihrer Kunden rechtzeitig bezahlen, dann sollte Ihr Verkaufsleiter mehr Geduld haben. Wenn es allerdings 50 Prozent sind, dann ist die Dringlichkeit gerechtfertigt.

Interessenten, die nicht nein sagen können

F: Wie werden Sie mit einem Verkaufsinteressenten fertig, der nie deutlich wird und ja oder nein sagt? Sie haben den Interessenten jede Woche angerufen, um eine Entscheidung zu erhalten, aber er hat immer gesagt, er würde nächste Woche zurückrufen. Sie haben zu viel Zeit investiert, um jetzt einfach aufzugeben. Wie schaffen Sie den Abschluss?

A: Das erinnert mich an einen Klatschreporter, der mir erklärte, dass die Hollywoodstars niemals nein sagen, wenn man sie um ein Interview bittet. Sie sagen ja. Wenn Sie am Montag anrufen, bitten sie Sie, am Dienstag nochmals anzurufen, dann am Mittwoch und so weiter, wochenlang. Die einzige Strategie, die funktioniert, ist Hartnäckigkeit. Schließlich geben sie nach, manchmal, weil sie ein Schuldgefühl haben, Sie schlecht behandelt zu haben.

In diesem Fall müssen Sie Feuer mit Feuer bekämpfen. Versuchen Sie, den Interessenten jeden Tag anzurufen statt nur einmal pro Woche. Das mag unausstehlich sein, aber das Verhalten des Interessenten ist es auch.

Marketing und Verkauf

2000. 257 Seiten
ISBN 3-593-36417-4

Wahrscheinlich kennen Sie noch nicht die Verkaufsmethoden, die Ihre Kunden garantiert aus den Socken
hauen! Wie der Titel schon erahnen lässt, handelt es
sich hier nicht um theorielastige, trockene Abhandlun-
gen, sondern um eine absolut praxisorientierte und
überaus informative Lektüre. Viele griffige Beispiele,
Checklisten, Fragebögen, Erfahrungsberichte, Regeln
und Tipps, angereichert mit einer guten Portion Humor machen *Wahnsinnsverkauf* von Ron Zemke und
Jeffrey Gitomer zu einem unverzichtbaren Ratgeber für
jeden Verkäufer.